구원
그 이후

스터디 가이드

일러두기
- 이 책은 《구원 그 이후》에서 채택한 본문으로 구성되었습니다.
- 이 책에서는 개역개정판 성경을 인용하였습니다.
- 성경을 인용할 때, 절의 전체를 인용한 경우에는 큰따옴표(" ")로,
  절의 일부를 인용한 경우에는 작은따옴표(' ')로 표기하였습니다.
- 본문에 《 》로 표기된 것은 도서를, 〈 〉로 표기된 것은 도서 외 작품을 가리킵니다.

구원 그 이후 스터디 가이드

2025년 2월 21일 초판 1쇄 인쇄
2025년 3월 7일 초판 1쇄 발행

지은이 박영선
기획 강선, 고의정, 박병석, 오민석, 최충만
편집 문선형, 정유진
디자인 잔
경영지원 함초아
펴낸이 최태준
펴낸곳 무근검
주소 서울특별시 송파구 올림픽로 4길 17 A동 301호
홈페이지 lampbooks.com **전화** 02-420-3155 **팩스** 02-419-8997
등록 2014. 2. 21. 제2014-000020호

ISBN 979-11-94142-17-1 (03230)

ⓒ 박영선 2025
이 책의 저작권은 저자와 무근검이 소유합니다.
신저작권법에 의하여 한국 내에서 보호받는 저작물이므로 무단전재와 복제를 금합니다.

무근검은 '하나님의 영광은 무겁고 오래된 칼과 같다'라는 뜻입니다.

구원
그 이후

박영선 지음

스터디 가이드

서문

이 책은 남포교회 구역 모임을 위한 교재입니다. 《구원 그 이후》를 저본으로, 신앙생활에서 잊지 말아야 할 가르침과 교회 생활을 하며 함께 생각해 보아야 할 점들을 염두에 두고 열한 장을 가려 뽑았습니다. 이 책의 내용을 더 깊이 공부하길 원하시는 분은 《구원 그 이후》를 읽으면 도움이 될 것입니다. 이 공부를 통해 신앙의 핵심을 되새기고 더욱 풍성한 교회 생활을 누리기 바랍니다.

차례

서문 ······ 005

01 수준 확인 (사 42:1-4) ······ 008

02 자의식 (히 6:1-3) ······ 017

03 첫 할 일 (수 1:1-6) ······ 026

04 영적 싸움 (수 11:21-23) ······ 037

05 신자의 승리 (고전 15:50-58) ······ 046

06 신자의 적극성 (롬 8:28) ······ 056

07 신자의 능력 (고후 11:21-27) ······ 065

08 신자의 자비 (롬 12:1) ······ 074

09 새 생명 (롬 6:4) ······ 083

10 신자의 삶 (수 6:22-25) ······ 091

11 신자의 성숙 (엡 4:20-24) ······ 101

질문과 답 ······ 111

01

수준 확인

──────── 1 내가 붙드는 나의 종, 내 마음에 기뻐하는 자 곧 내가 택한 사람을 보라 내가 나의 영을 그에게 주었은즉 그가 이방에 정의를 베풀리라 2 그는 외치지 아니하며 목소리를 높이지 아니하며 그 소리를 거리에 들리게 하지 아니하며 3 상한 갈대를 꺾지 아니하며 꺼져가는 등불을 끄지 아니하고 진실로 정의를 시행할 것이며 4 그는 쇠하지 아니하며 낙담하지 아니하고 세상에 정의를 세우기에 이르리니 섬들이 그 교훈을 앙망하리라 (사 42:1-4)

이 책에서는 많은 신자가 고민하는 신앙의 성장에 관하여 이야기할 것입니다. 성장에 관한 문제는 예수를 믿고 난 후 신앙생활을 하는 데 가장 큰 숙제거리입니다. 왜냐하면 우리는 신앙의 성장이 어떻게 이루어지는지 그리고 기독교가 무엇을 의미하는지를 잘 모르기 때문입니다.

성경은 살인하지 말라고 합니다. 이 말씀에 공감합니까? 공감한다면 그 이유가 무엇입니까? '사람을 죽이는 것이 옳단 말인가!'라는 생각으로 공감하는 것입니까? 만약 그렇다면 이 생각은 도덕적이거나 윤리적인 판단에서 나온 것일 수는 있어도 그렇다고 해서 그것이 기독교를 의미하지는 않습니다.

또 질문을 해 보겠습니다. 부모를 순종하라는 말은 맞습니까, 틀립니까? 그 말은 맞습니다. 하지만 이 질문에 '그럼, 부모에게 순종하는 일이 옳지 않단 말인가!'라고 한다면 할 말이 없습니다. 그것은 성경 말씀에 비추어 보기 이전에 윤리적으로 판단하고 말한 것이기 때문입니다. 바로 이 대목이 어렵습니다.

상한 갈대, 꺼져 가는 등불

이사야 42장 3절 말씀을 봅시다. '상한 갈대를 꺾지 아니하며 꺼져가는 등불을 끄지 아니하'실 것이라고 합니다. 성경이 우리에게 '살인하지 말라. 원수를 사랑하라'라고 할 때, '그렇다. 우리는 예수를 믿는 사람들인데 뭔가 남다른 데가 있어야지. 살인을 하지 않는 정도가 아니라 원수를 사랑하는 경지까지 나아가야지' 합니다. 그런데 살인하지 말라는 명령에 대하여 '그럼 살인하는 게 옳단 말인가!' 하는 의미로 공감한다면, 원수를 사랑하라는 요구도 동일한 이유에서 공감하게 됩니다. '예수를 믿는 사람이면 그 정도까지는 해야지' 하고 말입니다.

그러나 이사야 42장 3절은 우리의 이런 생각이 잘못되었음을 시사합니다. '우리가 예수를 믿지만 다른 사람보다 나은 것이 무엇이냐. 그러니까 원수를 사랑하는 자리까지 가야지' 하고 생각하는 우리에게 '살인하지 말라고 요구받는 너희가 어떤 처지에 있는 자인 줄 아느냐? 너희는 상한 갈대다'라는 것입니다. '상한 갈대'라는 표현으로 우리를 설명합니다.

갈대는 황무지에서 자랍니다. 황무지는 농사지을 수 없는 버려진 땅, 저주받은 땅입니다. 그래서 농사를 짓지 않는 사람은 갈대를 아름다운 자연으로 여길 수 있지만, 아마 농부에게 갈대는 보기 싫은 풀일 것입니다. 갈대가 싫은 것이 아니라 갈대가 돋아나는 땅 때문입니다. 그들에게 갈대는 생각만 해도 눈살이 찌푸려지는 풀입니다. 게다가 상한 갈대라고 했으니 가장 저주받은 모습을 상징합니다. 즉 상한 갈대는 하나님을 떠나 저주받은 자리에 있는 부패된 죄인의 모습을 상징합니다. 그런데 하나님은 상한 갈대를 꺾지 않으신다고 합니다. 완전히 부러뜨려 뽑아 버리지 않으시는 것입니다.

'꺼져가는 등불'은 어떠합니까? 등불은 기름이 없으면 꺼져 가지만 바로 꺼지지는 않습니다. 마지막으로 심지가 다 타고 난 다음에 꺼집니다. 기름 없이 심지가 탈 때 등불은 꺼져 갑니다. 등불은 방 안을 밝히기 위해 걸어 두는 것인데 심지가 탈 때는 불빛이 점점 사라지고 연기만 납니다. 도움을 주기보다 냄새가 나고 눈을 아프게 하는 매연으로 피해만 줄 뿐입니다. 하나님은 그런 심지를 끄지 않으신다고 합니다. 그 상태로는 놔두기만 해도 곧 꺼지는데, 그런 등불을 끄지 않으신다는 것은 꺼져 가는 것을 그대로 놔두지 않겠다는 뜻입니다.

하나님이 '살인하지 말라. 원수를 사랑하라'라고 말씀하시는 대상인 우리가 바로 상한 갈대며 꺼져 가는 등불이라고 합니다. 우리에게 '온 누리를 비춰라. 너희는 세상의 소금이요, 세상의 빛이라'라고 하시면서도 '너희는 상한 갈대요, 꺼져 가는 등불이라'라고 지적하십니다. 이 둘이 연결이 되지 않습니다. '너희는 세상의 소금이라. 너희는 세상의 빛이라'라고 하신 하나님이 우리를 꺼져 가는 등불과 상한 갈대라고 선언하시기 때문입니다.

사실 하나님이 우리에게 하시는 요구는 우리가 이행하기에 불가능한 일들입니다. 바로 이 점을 생각해야 합니다. 하나님이 우리에게 '살인하지 말고 원수를 사랑하라' 하신 명령은 우리가 그것을 성취할 만해서 하시는 요구가 아닙니다. 혹시라도 이렇게 이해하는 신자에게는 신앙이 설 자리가 없습니다. 살인하지 말라는 명령을 도덕적 당위이기 때문에 이행할 수 있다고 이해한다면 아직도 신앙이 무엇인지 모르는 것입니다. 신앙이란, 자신이 그 요구를 절대 이행할 수 없음을 깨닫고 그 요구와 자신의 무능 사이에서 갈등을 겪는 사람에게 생겨나는 것입니다.

나는 해낼 수 없는 상황에 놓여 있는데 하나님은 내가 도저히 도달할 수 없는 지점까지 갈 것을 요구하셨다는, 그 페어 맞출 수 없는 출발선과 결승선 사이의 차이에서 오는 갈등이 우리 마음에 있어야 합니다. 하나님이 나에게 약속하시고 선언하신 목적지와 그것을 이룰 수 없는 나의 상태가 너무도 이율배반적이고 도저히 연결될 수 없어서 느끼는 황당함으로 고민하는 갈등이 있어야 합니다. 이 갈등이 없는 자에게는 신앙이 설 자리가 없습니다.

이런 갈등이 없는 사람들은 종종 이렇게 타협합니다. '우리가 주일날 예배드려 주고 십일조 바쳐 주면, 하나님은 복 내려 주기, 그다음에는 서로 건들지 말기.' 마치 마피아가 구역을 나눠 먹기 하는 것과 같습니다. "하나님, 제가 예배는 드리겠습니다. 십일조도 바치겠습니다. 그 대신 제게 말도 안 되는 요구는 하지 마십시오. 저를 주의 종으로 삼으신다든가, 제게 영광과 존귀로 관을 씌워 주신다든가 하면서 골치 아프게 하지 마십시오. 제가 죽으면 천국에나 보내 주시는 걸로 정리합시다." 갈등을 싫어하는 모습입니다. 믿음에 대한 갈등이 없습니다. '이것이 정말일까?' 하는 의문이 없습니다. '정말 이것을 믿을까, 말까? 이렇게 살 것인가, 말 것인가? 이것이 정말 가당한 것일까?'라는 회의도 품지 않습니다. 이 정도로 우리는 무감각해져 있습니다. 내가 꺼져 가는 등불이며 상한 갈대임에도 불구하고 하늘나라에 갈 것이라는 약속이 이해되지 않으니까 의문도 품지 않고 갈등도 버리는 어설픈 지점에서 대강 눈감고 외면한 채 살기로 결심해 버립니다. 그러나 하나님은 외면하지 않으십니다.

원수 사랑은 제가 도달할 수 없는 지점입니다. 그러나 하나님은 늘 웃으시면서 원수를 사랑하라고 하십니다. 하나님은 저를 잘 알고 계십니다. 원수만 보면 이를 가는 저를 아십니다. 제가 이를 갈 때마다 그분은 웃으시면서 원수를 사랑하라고 말씀하십니다. 그래서 저는 이렇게 생각하게 되었습니다. '언젠가는 사랑하게 되겠지. 나는 못하지만 그분이 하라는데, 하라고 하신 분이 어떻게든 하게 해 주시겠지. 꺼져 가는 등불을 끄지 않는 분이 어떻게 해결하시나 보자.' 이것이 저의 배짱입니다. 그래서 저는 원수를 만나면 '저 원수를 언제 없애 버리나' 하고 생각하지만 그 생각을 밖으로 꺼내지는 않습니다. 하나님 앞이기 때문입니다. 이것이 제가 스스로를 다스리는 방법입니다.

신자 대부분은 좌절할 수밖에 없는 자기 자리와 그 자리에서 받는 명령 사이의 간격을 생각하지 않습니다. 자신이 할 수 있다고 생각하고 출발한 사람은 목적지에 도달하지 못합니다. 돌아오는 것은 좌절밖에 없습니다. 그러니 스스로를 은폐하고 살 수밖에 없습니다. 이는 우리가 신앙생활을 제대로 시작하지 못하게 하려는 사탄의 계략입니다. 출발 지점을 찾을 수 없게 만듭니다. 끙끙거리면서 자신의 출발 지점을 찾지 못하니 하나님 앞에 빌지도 못합니다. 또 내 힘으로 목적지까지 갈 수 있을 것이라는 허황된 생각 속에서 이러지도 저러지도 못하고 시간을 허비하면서 문제를 외면한 채 살아갑니다.

　우리는 그런 자들이어서는 안 됩니다. '상한 갈대요, 꺼져 가는 등불'에서 출발해야 합니다. 하나님이 우리를 아십니다. 우리로부터 출발한 것으로는 목표 지점에 절대 도달할 수 없음을 우리 스스로 확인하게 하십니다. 우리는 성경이 말한 출발 지점을 확인하고 갈등을 겪기보다는 오히려 그것을 외면하고 하나님이 요구하시는 일은 포기하더라도 자존심을 지키는 일은 포기하지 못하는 고집쟁이입니다. 내가 사회에서 매장당하고 창피를 무릅쓰더라도 그런 나의 생애로 하나님이 영광을 받으시기를 바라기보다, 알량한 자존심으로 나를 감추고 하나님이 드러내신 진리를 왜곡합니다. 이것이 우리 모두의 약점입니다.

신앙의 출발

　　　　　　　　예수를 믿는다는 것은, 하나님이 우리에게 약속하신 당신의 능력과 방법에 삶을 맡기는 것을 의미합니다. 하나님은 보잘것없는 자리에 있는 우리를 부르셨습니다. 우리가 잘난 자리에 있을 때 부르지 않으셨습니다. 또한 지금 우리가 서 있는 자리는 출발점이 아닙니다. 하나님이 이미 시작하셔서 우리를 끌고 오신 중간 지점입니다. 우리를 어디서부터 끌고 오셨는지를 돌아볼 필요가 있습니다.

　이제 하나님 앞에 우리의 출발 지점을 고백해야 합니다. '하나님, 저는 이렇습니다. 도와주십시오. 거기서부터 하나님이 저를 인도하셨습니다. 하나님이 시작하셨습니다. 지금 제가 여기까지 온 것은 하나님의 은혜입니다'라는 고백이 있어야 합니다. 하나님 앞에 삶을 과감하게 맡길 수 있는 결심이 있어야 합니다. 이 결심이 없다면 죽는 날까지 생을 허비하게 될 것입니다. 목적지에 도달하기 위해 오늘 내가 어디에 있는지를 알아야 하며 목적지를 향해 어떻게 가야 할지를 알아야 합니다. 그 길에서 하나님이 우리를 이끄실 것입니다. 이는 신자에게 당연히 요구되는 배짱입니다. 이 약속을 받지 않은 자들은 그 길이 두렵겠지만, 신자에게는 한없는 위로입니다. 하나님이 우리를 인도하여 목적하신 자리로 이끄신다는 약속보다 더 큰 위안과 자랑은 없습니다.

지금 어떻게 살고 있습니까? 하나님을 하나님으로 믿고 있습니까? 아니면 자신을 믿고 삽니까? 도덕적 당위와 자신의 생각에서 출발한 신앙으로 살고 있지는 않습니까? '하나님, 제가 이 꼴인데도 그런 약속을 선포하십니까?' 하는 아우성이 없는 사람은 아직 신앙이 무엇인지 모르는 사람입니다. 그러나 절망할 일이 아닙니다. 이 지점이야말로 신앙으로 들어가는, 필연적으로 지나야 하는 관문입니다. 여기를 통과하십시오. 이 자리는 불신앙의 자리가 아닙니다. 나를 버리고 하나님 품에 뛰어들기 전에 딛는 디딤돌입니다. 또한 우리에게 복된 자리입니다. 이것이 신앙의 새로운 출발 지점이 되고 새로운 힘이 된다는 사실을 성경이 증명합니다. 이 신앙을 시작하십시오.

질문하기

1. 이사야 42장 3절은 살인하지 말라는 요구를 받은 우리가 실은 어떤 처지에 있는 자들이라고 가르칩니까?

2. 우리에게 어떤 갈등이 있어야 합니까?

3. 예수를 믿는다는 것의 의미는 무엇입니까?

나누기

신앙생활 중에 나는 도저히 할 수 없는 일을 하나님으로부터 요구받았던 경험이 있다면 나누어 봅시다.

자의식

02

──────── 1 그러므로 우리가 그리스도의 도의 초보를 버리고 죽은 행실을 회개함과 하나님께 대한 신앙과 2 세례들과 안수와 죽은 자의 부활과 영원한 심판에 관한 교훈의 터를 다시 닦지 말고 완전한 데로 나아갈지니라 3 하나님께서 허락하시면 우리가 이것을 하리라 (히 6:1-3)

예수 믿는 사람들이 좌절하는 것은 자기가 예수를 믿는데도 불구하고 믿는 사람답지 않다는 생각 때문입니다. 예수 믿는 사람은 적어도 이 정도는 되어야 한다는 선입관이 신자에게 도움이 되기보다 손해를 끼치곤 합니다. 우리가 실망할 때 내뱉는 말 중 하나가 이것입니다. "예수 믿는 사람이 뭐 그래!"

가식에 숨은 신앙

성경에는 신자의 신분이나 약속을 도덕적 차원에서 확인하라고 나와 있지 않습니다. 그런데 우리는 믿는 사람답지 못하다는 말을 들을 때 신앙생활에 영향을 받습니다. 예수 믿는 사람답게 살지 못하니까 그런 척이라도 해서 이 문제를 해결하려고 합니다. 기도 많이 하는 척, 고민 없는 척, 믿음 생활을 정당하게 하는 척을 합니다. 교회에 나올 때도 그럴듯한 얼굴을 하고 나옵니다. 그 외의 문제들은 서로 건드리지 않는 것이 예의라고 생각합니다. 마치 신자들은 서로 속 깊은 이야기를 하지 않는 것을 불문율로 약속한 사람들 같습니다. 믿음 생활에 대해 물어보면 서로 곤란해집니다. 그래서 서로 아픈 곳은 건드리지 말자는 묵계가 성립되어 있습니다.

혹은 예수 믿는다고 해 봤자 세상 사람들과 다 똑같으니, 속은 썩었는데 겉만 번지르르하게 다니지 말고 아예 솔직한 것이 낫다는 식으로 삽니다. 둘 중 더 나은 쪽은 없습니다. 둘 다 신자가 어떤 존재인지를 알지 못해서 생긴 결과입니다.

가식을 떨 때 눈물이 날 정도로 안타까운 진심은 겉모습 뒤에 숨어 있습니다. '하나님, 저는 이만큼 하고 싶습니다. 그런데 그렇게 되지 않기에 이렇게 척이라도 하고 있는 것입니다.' 이런 안타까움이 깔려 있습니다. 널브러져 있는 태도도 마찬가지입니다. '하나님, 저라고 이러고 싶은 줄 아십니까! 정말 이러고 싶었다면 아예 교회를 안 나왔을 것입니다. 잘하고 싶은데 되지 않고, 그렇다고 아닌 척하고 살 수는 없으니까 이렇게 행동하는 것입니다.' 어느 쪽이든 이는 우리를 괴롭히는 자의식에서 오는 갈등입니다. 이 문제가 풀리지 않는 한 계속 그 자리에서 맴돌고 아우성치다가 세월을 다 보냅니다. 이것이 신자 대부분의 현주소입니다.

《왕자와 거지》라는 소설에서는 거지가 왕자로 오해되어 왕궁 속에 살게 됩니다. 그는 왕궁 생활을 해 본 적이 없어서 어떻게 행동해야 하는지 모릅니다. 옥새로 호두를 까먹고 식사 후에는 손 씻는 물을 마십니다. 신하들은 왕자가 하자는 대로 해야 했기에 왕자를 따라 합니다. 어쨌든 그는 왕자인 것입니다. 어제까지만 해도 시궁창 속을 뒹굴던 소년이 있습니다. 그는 악하고 거칠고 무례하고 더럽습니다. 말투도, 삶의 목적도 그렇습니다. 할 줄 아는 것이라고는 거짓말과 소매치기와 남을 괴롭히고 남에게 손해를 끼치는 것뿐입니다. 그런데 임금이 그를 왕자로 삼았습니다. 왜 그를 왕자로 삼았는지는 모르지만 어쨌든 그는 왕자가 되었습니다. 그가 거지였을 때는 모든 사람이 그를 괄시했습니다. 동네 왕초들에게도 터지고 사람들에게서도 도망 다녀야 했습니다. 그런 그를 최고 권세를 가진 왕이 왕자로 삼은 것입니다.

모두가 그에게 굽실거립니다. "왕자님!" 하고 부르며 그가 지나

가기만 하면 모두가 허리를 숙여 인사합니다. 하늘과 땅이 바뀌듯 하루아침에 거지에서 왕자로 신분이 바뀌었습니다. 그런데도 그는 거지로 살았을 때의 버릇이 남아 모든 이름 뒤에 '새끼'를 붙입니다. '형 새끼, 아우 새끼' 합니다. 그런 태도를 보여도 신하들은 그의 신분을 의심하지 않습니다. 물론 이렇게 생각할 수는 있습니다. '왕도 참 딱하지. 이런 사람을 왕자로 세우다니.' 그래도 어쩌지는 못합니다. 만약 왕자에게 손가락이라도 까딱했다가는 왕자에게 터지는 정도가 아니라 왕으로부터 곤욕을 당할 것입니다. 그것은 왕의 권위에 대한 도전이기 때문입니다. 왕자에 대한 불만을 토로하는 것은 왕자를 세운 왕 앞에 해서는 안 되는 일입니다.

신자의 현실도 마찬가지입니다. 하나님에게 부름을 받은 신분과 현실에서 오늘을 살아가는 모습은 그 차이가 큽니다. 하나님에게 우리는 분명 왕자입니다. 그리스도 예수 안에서 구원 얻은 모든 사람이 왕 같은 제사장입니다. 다만 위 예화에서처럼 왕자답지 않은 왕자일 수 있습니다. 어제까지 해 오던 버릇을 어떻게 하루아침에 버리겠습니까. 침대에서 자는 것보다는 바닥에서 자는 것이 더 편합니다. 궁궐에서 쓰는 말투보다 거리에서 쓰는 말투가 훨씬 익숙합니다. 식탁에 아무리 맛있는 요리가 있어도 식탁 앞에 앉아 있는 것조차 불편하고 어색해서 바닥에서 주워 먹습니다.

여기에 또 한 가지 어려운 점이 있습니다. 스스로가 왕자라는 사실이 믿어지지 않는 것입니다. 자기가 봐도 전혀 왕자답지 않기 때문입니다. 많은 신하가 자기에게 굽실대고 환경이 전부 바뀌었는데도 자신의 말투나 행동에 변한 것이 하나도 없습니다. 예전과 똑같이 생각하고 느낍니다. 여기서 버릇이 더 나빠질 수도 있습니다. 자기가 명령하면 누구든지 복종한다는 것을 알고 버릇없는 망나니가 될 수 있습니다. 이렇게 망나니처럼 구는 신자도 많습니다. 무엇이든 요구하면 다 얻어지고, 싫으면 퇴치할 수 있다고 생각해서 영적 망나니가 되어 버리기도 합니다.

또는 자조적인 사람이 되어 버립니다. 하나님이 자기를 왕자의 신분으로 세워 주셨기 때문에 대접을 받는다고 생각하지 않고 '내가 이 수준인데도 사람들이 굽실거리는구나' 하고 생각합니다. "내가 국무총리랑 장관들에게 '이리 오너라!' 해도 오더라" 하고 자랑하면서 이것을 원래 자기 수준이나 능력에서 행사할 수 있는 권한으로 생각합니다. '기독교란 별 게 아니야. 기도만 하면 돼. 십일조만 내면 하나님이 꼼짝 못하시는데 뭘. 내가 헌금하면 열 배로 돌아오는데 왜 그걸 못 내겠어?'라고 생각하기 시작하면 걷잡을 수 없게 됩니다. 모두를 괄시하게 되며 모든 것을 쉽게 생각하게 됩니다. 이는 우리가 어떤 은혜를 받았는지를 놓쳤기 때문에 하는 망령된 생각입니다. 이것이 예수를 믿는 데에 가장 어려운 싸움일 것입니다. 우리가 누리는 권리와 복이 있다면, 그것은 우리의 신분 때문이지 우리의 수준 때문이 아님을 명심합시다.

왕의 자녀

하나님은 우리에게 하나님의 자녀라는 신분을 허락하셨습니다. 그 신분을 가지고 어린아이에서부터 장성한 어른으로 자라 갈 것을 요청받습니다. 영적 유아기 때는 '주옵소서' 밖에 모릅니다. 신자로서의 보람이나 가치를 따지지 못합니다. 하나님으로부터 주어지는 복이나 은혜 외에는 보지 못합니다. 이 시기를 벗어나면 의미를 따지는 시기가 옵니다.

이 시기가 되면, 하나님을 믿는 것이 도대체 어떤 의미인지를 따지게 됩니다. 하나님을 믿는 것에 어떤 가치가 있으며 나는 어떻게 살아야 하는지, 전 인생을 놓고 묻게 됩니다. 나의 신분, 가치, 인생이 갖는 의미를 묻는 날이 옵니다. 그때 우리는 이 싸움에 걸려듭니다. 내가 하나님의 자녀라는 사실과 함께 하나님이 누구시며 그분의 자녀에게 요구되는 수준이 어떠한 것인지를 알게 됩니다. 어떻게 의롭고 거룩하고 선하고 아름답게 살아야 하는지를 깨닫게 됩니다. 그런데 아무리 발버둥을 쳐 봐도 우리는 거기에 미치지 못합니다. 그러다 문득 의심에 빠져듭니다. '나는 혹시 하나님의 자녀가 아닌 것일까? 나는 가짜가 아닐까? 나는 신자가 아니라 신자였으면 좋겠다고 아우성치는 후보에 불과하지 않을까?'

그러나 이러한 의심 속에서 우리가 모자라다고 여기는 부분들은 우리를 좌절이 아닌 분발로 끌고 갈 것입니다. 본문 말씀 히브리서 6장 1절과 2절을 살펴봅시다. "그러므로 우리가 그리스도의 도의 초보를 버리고 죽은 행실을 회개함과 하나님께 대한 신앙과

세례들과 안수와 죽은 자의 부활과 영원한 심판에 관한 교훈의 터를 다시 닦지 말고 완전한 데로 나아갈지니라." 기초에서 머뭇거리지 말고 진전하라고 합니다.

이어서 히브리서 3장 1절을 봅시다. "그러므로 함께 하늘의 부르심을 받은 거룩한 형제들아 우리가 믿는 도리의 사도이시며 대제사장이신 예수를 깊이 생각하라." '함께 하늘의 부르심을 받은 거룩한 형제들'을 대상으로 쓴 편지입니다. 히브리서 5장 11절과 12절에서는 이렇게 말합니다. "멜기세덱에 관하여는 우리가 할 말이 많으나 너희가 듣는 것이 둔하므로 설명하기 어려우니라 때가 오래 되었으므로 너희가 마땅히 선생이 되었을 터인데 너희가 다시 하나님의 말씀의 초보에 대하여 누구에게서 가르침을 받아야 할 처지이니 단단한 음식은 못 먹고 젖이나 먹어야 할 자가 되었도다." 함께 하늘의 부르심에 참여한 거룩한 형제들임에도 이런 꾸중을 듣습니다. '아직도 기초에 머물러 있느냐?' 앞서 읽은 히브리서 6장 1절에서 보듯, 기초를 다시 다듬고 있을 시간이 없다는 것입니다.

신자답지 못한 부분을 이제부터 고쳐서 목표에 도달해야 합니다. 아직은 도달할 수 없습니다. 지금은 유아기입니다. '젖 먹는 아기'입니다. 남에게 전혀 도움이 되지 않습니다. 아기는 집에서 손이 가장 많이 가고 신경이 쓰이는 존재입니다. 조용하면 두려울 정도입니다. 그런 스스로에게 당황하지 마십시오.

'내가 예수를 믿는 사람으로 교회에 해 주는 것은 없고, 밤낮 받기만 하는 귀찮은 존재이니까 내가 없어지는 것이 교회에 이익이다'라는 쓸데없는 이야기를 하고 다니기도 합니다. 인간은 자존심의 동물이기 때문에 하나님 앞에서도 떳떳하고 싶어 합니다. 그러나 성경은 이것을 죄라고 합니다. 떳떳하려고 하지 마십시오. 차라리 뻔뻔함이 나을 수도 있습니다. 누군가 "예수 믿는 사람이 왜 그래?"라고 한다면, "그래, 그래서 예수 믿는다" 하고 뻔뻔하게 대꾸하는 것만큼 확실한 답은 없습니다. 이것이 우리의 배짱입니다. 왜 증명하려고 합니까? 신자다움을 증명하려고 하지 마십시오. 차라리 뻔뻔해지십시오. 신앙은 거기서부터 출발합니다.

오늘도 우리는 위세 당당 궁궐을 휘젓고 다니며 노는 철부지 왕자와 공주입니다. 대신들의 수염을 뽑고 개구리를 모아 펄쩍펄쩍 뛰게 하고 악을 쓰면서 놉니다. 한심하기 짝이 없지만 왕자와 공주입니다. 이 한심한 행동을 고치기로 하되, 여전히 우리가 떳떳한 지위에 있음을 감사합시다. 우리의 부족함이 우리를 분발하게 하는 기회가 되도록 믿음의 성장을 결심합시다.

질문하기

1. 예수 믿는 사람은 무엇 때문에 좌절합니까?

2. 우리가 누리는 권리와 복은 우리의 수준 때문이 아니라 무엇 때문입니까?

3. 신앙 여정에서 우리가 모자라다고 여기는 부분은 우리를 어디로 이끌어 갑니까?

나누기

하나님의 자녀인 나에게 요구되는 수준을 생각할 때 각자 분발할 점은 무엇인지 나누어 봅시다.

첫
할
일

03

1 여호와의 종 모세가 죽은 후에 여호와께서 모세의 수종자 눈의 아들 여호수아에게 말씀하여 이르시되 2 내 종 모세가 죽었으니 이제 너는 이 모든 백성과 더불어 일어나 이 요단을 건너 내가 그들 곧 이스라엘 자손에게 주는 그 땅으로 가라 3 내가 모세에게 말한 바와 같이 너희 발바닥으로 밟는 곳은 모두 내가 너희에게 주었노니 4 곧 광야와 이 레바논에서부터 큰 강 곧 유브라데 강까지 헷 족속의 온 땅과 또 해 지는 쪽 대해까지 너희의 영토가 되리라 5 네 평생에 너를 능히 대적할 자가 없으리니 내가 모세와 함께 있었던 것 같이 너와 함께 있을 것임이니라 내가 너를 떠나지 아니하며 버리지 아니하리니 6 강하고 담대하라 너

는 내가 그들의 조상에게 맹세하여 그들에게 주리라 한 땅을 이 백성에게 차지하게 하리라 (수 1:1-6)

앞 장에서는 예수 그리스도를 믿으면 하나님의 자녀라는 신분에서 추방되지 않고 천국이 취소되지 않는다고 확인했습니다. 이러한 기초에서 이제 다음 단계로의 진전이 필요합니다. 우리가 하나님의 자녀에 걸맞은 수준을 갖추기 위하여 맨 처음 알아야 할 것에 대해 이야기하려고 합니다.

본문 말씀에서 중요한 구절은 6절입니다. '강하고 담대하라.' 본문 말씀에서 가장 필요한 내용임에도 놓치기 쉬운 문장입니다. 우리는 여호수아라는 사람에 대해 선입관을 가지고 있기 때문입니다. 성경에는 많은 위인이 나오지만 담대한 이미지를 가진 사람으로는 다니엘, 엘리야, 여호수아가 있습니다. 물론 아브라함, 요셉, 모세도 있지만 강하고 담대한 면에서는 여호수아를 꼽습니다. 그런 여호수아에게 하나님이 '담대하라'고 명령하십니다. 우리는 여호수아가 그 명령을 받을 만한 이유를 생각해 보지 않고 넘어가느라 중요한 사실을 놓칩니다.

우리의 오해

여호수아를 보며 그도 담대하라는 격려가 필요

한 겁쟁이였을지 모른다고 생각하는 사람은 거의 없을 것입니다. 그러나 그는 담대함과 거리가 먼 사람이었습니다. 우리가 그를 강하고 담대한 자로 알고 있는 것은 그의 말년 때문입니다.

여호수아는 이스라엘 백성을 거느리고 요단강을 건너 여리고 성을 무너뜨립니다. 또 이스라엘 백성이 가나안 땅에 들어가 수행한 모든 전투를 지휘합니다. 야전군 사령관으로서 그 일들을 수행하고, 죽음에 임박하자 이스라엘 백성을 모아 놓은 자리에서 이렇게 유언합니다. "나와 내 백성은 여호와를 섬기겠다. 너희들은 어떻게 하겠는가?" 갈팡질팡하던 이스라엘 백성들로 하여금 여호와를 섬기겠다는 결심을 하게 만든 그는 우리 기억 속에 담대하고 강한 사람으로 남아 있습니다.

성경에서 위인을 만나면 우리는 그가 남달랐을 것이라고 생각합니다. 그는 천성적으로 탁월한 재능과 수행 능력을 가졌을 것이라고 착각합니다. 즉 여호수아는 장군이니 강하고 담대하고 믿음이 좋았을 것이라고 쉽게 생각합니다. 여기가 우리 신앙의 성장을 방해하는 지점입니다.

신명기 34장 5절부터 7절을 봅시다. "이에 여호와의 종 모세가 여호와의 말씀대로 모압 땅에서 죽어 벳브올 맞은편 모압 땅에 있는 골짜기에 장사되었고 오늘까지 그의 묻힌 곳을 아는 자가 없느니라 모세가 죽을 때 나이 백이십 세였으나 그의 눈이 흐리지 아니하였고 기력이 쇠하지 아니하였더라." 이스라엘을 이끈 모세가 죽었습니다. 모세의 뒤를 이어 누가 이스라엘을 인도하게 됩니까? 본문 말씀인 여호수아 1장 1절과 2절을 다시 봅시다. "여호와의 종 모세가 죽은 후에 여호와께서 모세의 수종자 눈의 아들 여호수아에게 말씀하여 이르시되 내 종 모세가 죽었으니 이제 너는 이 모든 백성과 더불어 일어나 이 요단을 건너 내가 그들 곧 이스라엘 자손에게 주는 그 땅으로 가라." 이 말씀을 받은 여호수아는 떨고 당황하여 어쩔 줄 몰라 했습니다. 6절에서 하나님이 여호수아에게 '강하고 담대하라'라고 말씀하셨고, 7절에서 다시 '오직 강하고 극히 담대하'라고 하신 것을 보면 알 수 있습니다.

여기서 우리가 알던 여호수아를 다시 생각할 필요가 있습니다. 성경이 제시하는 근거를 기초로 상상력을 동원해 본다면 이렇게 설명할 수 있습니다. 여호수아는 장군이 아니라 부관입니다. 그는 오직 모세라는 지도자 밑에서 심부름꾼 노릇을 했습니다. 그의 계급은 대위 정도입니다. 지휘관이 아닙니다. 모세라는 시대의 위인 밑에서 잔심부름을 했을 뿐입니다.

출애굽기에서 본 대로 모세는 종종 산에 올라가 하나님을 만나 명령을 받고 내려왔습니다. 산 아래에 있는 백성들은 모세가 산에 올라간다는 사실만 알고 언제 내려오는지는 몰랐습니다. 그가 내려온 것을 보고 비로소 알았습니다. 모세가 시내산에 율법을 받으러 올라갔을 때 사십 일 동안 내려오지 않아서 이스라엘 백성은 그가 죽었다고 생각하기도 했습니다. 모세는 종종 올라가 느닷없이 내려오곤 했습니다. 마지막에 올라갈 때도 사람들은 대수롭지 않게 생각했고 모세가 죽을 것이라고는 생각하지 못했을 것입니다. 신명기 34장 7절 말씀처럼 그는 죽을 때 눈이 흐리지 않았고 기력도 쇠하지 않았기 때문입니다. 건강한 채로 올라갔기 때문에 사람들은 그가 죽을 것이라고 생각하지 못했을 것이고, 여호수아의 입장에서 보면 모세는 민족이 출애굽을 하게 한 하나님의 종이며 위대한 사자이기에 당연히 백성들을 이끌고 가나안에 들어가리라 생각했을 것입니다.

모두가 가나안을 눈앞에 두고 선 자리에서 하나님이 모세를 거두어 가시리라고는 상상도 못했을 것입니다. 그런데 하나님은 모세를 거두어 가시고 벼락같이 명령을 내리십니다. "모세는 죽었다. 이제 네가 대장이다." 여호수아가 이제껏 한 일은 모세의 옷자락을 붙잡고 따라다닌 일밖에 없었습니다. 그런데 느닷없이 명령이 떨어집니다. "백성들을 이끌고 가나안에 들어가 전쟁을 수행하라."

이스라엘 백성을 가장 잘 아는 분은 하나님입니다. 그다음은 모세이고 그다음은 여호수아입니다. 여호수아는 모세의 시종으로서 이스라엘 백성이 모세를 얼마나 괴롭혔는지 보아 왔던 사람입니다. 여호수아는 임무를 받고 나서 자기가 누구인지 알게 되고 자기에게 주어진 임무가 얼마나 막중한 것인지 알게 되어 당황했을 것입니다. 그래서 하나님이 말씀하십니다. "강하고 담대하라."

하나님이 우리를 어디에서 출발하게 하셨는지 기억해야 합니다. 여호수아는 담대한 심성과 뛰어난 능력이 있어서 위대한 사람이 된 것이 아닙니다. 이 이야기를 통해 평소 우리가 느끼던 좌절감을 버려야 합니다. 동시에 하나님이 주시는 명령의 참뜻을 알아야 합니다. '마음을 강하게 하라. 극히 담대하라.' 이 말씀을 오해하지 마십시오.

하나님의 종

여호수아 이야기에서 주의 깊게 살펴볼 내용은 '발'과 관련이 있다는 점입니다. 여호수아 1장에서 하나님이 여호수아에게 이스라엘 백성이 발바닥으로 밟는 곳을 주겠다고 하시면서 강하고 담대하라고 말씀하십니다. 여리고성 싸움을 앞두고 떨어진 명령인데, 5장 여리고성 사건에서도 '발'이라는 단어가 나옵니다. 또한 여호수아 3장에 요단강을 건너는 사건에서도 '발바닥'이 나옵니다. 3장 15절부터 17절을 봅시다.

요단이 곡식 거두는 시기에는 항상 언덕에 넘치더라 궤를 멘 자들이 요단에 이르며 궤를 멘 제사장들의 발이 물 가에 잠기자 곧 위에서부터 흘러내리던 물이 그쳐서 사르단에 가까운 매우 멀리 있는 아담 성읍 변두리에 일어나 한 곳에 쌓이고 아라바의 바다 염해로 향하여 흘러가는 물은 온전히 끊어지매 백성이 여리고 앞으로 바로 건널새 여호와의 언약궤를 멘 제사장들은 요단 가운데 마른 땅에 굳게 섰고 그 모든 백성이 요단을 건너기를 마칠 때까지 모든 이스라엘은 그 마른 땅으로 건너갔더라 (수 3:15-17)

여기서도 '제사장들의 발'이 나옵니다. 제사장들이 요단을 건너기 위하여 앞장서서 언약궤를 메고 요단에 들어가 서 있는데, 4장 18절을 보면, '여호와의 언약궤를 멘 제사장들이 요단 가운데에서 나오며 그 발바닥으로 육지를 밟는 동시에 요단 물이 본 곳으로 도로 흘러서'라고 합니다. 언약궤를 멘 제사장들은 맨발바닥으로 요단강에 들어가 있습니다.

여호수아 1장, 3장, 4장, 5장에 걸쳐 '발'이라는 단어가 나옵니다. 당시 맨발로 다니는 사람은 종이었습니다. 성경에 신을 벗는 내용이 나오는 대표적 이야기가 있습니다. 모세는 호렙산에서 불이 붙은 떨기나무를 보았을 때 "모세야, 네가 선 곳은 거룩한 땅이니 네 발에서 신을 벗으라"(출 3:5 참조)라는 하나님의 음성을 들었습니다. 성경에서 발을 언급하는 것은 바로 이 이야기 때문입니다. 하나님이 모세에게 신을 벗으라고 하신 말씀에는 '너는 내 종이니라'라는 뜻이 담겨 있습니다. '네가 선 곳은 거룩한 땅이니'라는 말씀은 땅 자체가 거룩하다는 뜻이 아니라 통치권자가 말씀하시는 곳이기에 거룩하다는 뜻입니다.

우리가 하나님의 자녀가 되었다는 사실은 죄인의 자리에서 복의 자리로 옮겨 갔다는 것만을 의미하지 않습니다. 이제 우리는 하나님을 주인으로 섬기는 자가 되었다는 뜻이 더 중요합니다. 또한 그것은 하나님이 우리에게 요구하시는 조건이며 하나님의 목표입니다. 예수 그리스도는 우리의 그리스도인 동시에 주인입니다. 이를 모르는 자에게 신앙의 성숙이란 없습니다.

신자가 구원을 얻고 복을 얻었다는 사실에만 만족하고 하나님의 종이 되었다는 사실을 모르면 신앙이 자라지 않습니다. 군대를 생각해 봅시다. 장성, 영관, 위관, 부사관, 병사가 있습니다. 이 계급들의 높고 낮음은 중요하지 않습니다. 군인은 하나의 지휘 체계에 자기의 인생을 맡긴 사람이라는 사실이 더욱 중요합니다. 신자는 영적 차원에서 하나님의 군사입니다. 계급은 이차적 문제입니다. 신자는 하나님의 명령 하나에 삶을 맡긴 자입니다. 우리는 이 사실을 잘 모릅니다. 우리는 신앙을 어쩌다 얻은 알라딘의 램프처럼 생각합니다. 램프를 문질러서 나타난 요정에게 "이거 해 달라. 저거 해 달라" 합니다. 우리에게는 소원을 이루어 줄 능력이 필요할 뿐입니다. 우리는 하나님이 그런 능력을 가지셨음을 알기 때문에 모든 미사여구를 동원하여 그분을 찬양합니다. '전능하시며 거룩하시며 안 계신 곳이 없으며 우리에게 양식을 주시는 분'이라고 하면서 당장 내가 필요로 하는 것만 찾습니다. 이것이 우리의 약점입니다.

하나님의
병사

우리는 하나님이 우리 인생을 어떻게 사용하고 싶으신지, 그 일을 위해 어떻게 살아야 하는지에는 관심이 없습니다. 하나님의 힘을 빌려 쓸 생각뿐입니다. 하나님이 내 인생에 어떤 임무를 맡기시려고 나를 이 민족, 이 시대, 이 땅에 태어나게 하셨는지를 생각하지 않습니다. 땅을 치고 통곡할 문제입니다.

이 문제 외에는 신자의 존재 이유가 없습니다. 신자의 삶은 하나님이 이루실 일을 위한 배역으로 존재하기 때문입니다. 우리는 영광 속에서 그 일을 할지, 고통 속에서 그 일을 할지 알 수 없습니다. 하나님이 연출자이십니다. 신자는 이러한 이유로 인생에 보람이 있다는 사실을 간증하기 위하여 존재할 뿐입니다.

각자에게 허락된 환경과 시간을 돌아보십시오. 친척과 이웃과 친구들이 있습니다. 그들 앞에 우리가 할 수 있는 일이 한 가지 있습니다. "나는 하나님의 졸병이다!"라는 고백만은 할 수 있습니다. 일을 장교같이 하는지, 졸병같이 하는지는 이차적 문제입니다. 어쨌든 군복을 입고 일하고 있습니다. 이 자리에 있는 한 우리는 담대할 수 있습니다. 신앙이 성숙하는 데에 필수적인 도약 지점입니다. 이 지점을 통과하십시오. 하나님이 우리에게 요구하고 계십니다.

우리는 하나님의 명령에 굴복하는 졸병임을 우리 생애를 통해 증명해야 합니다. 우리가 할 수 있는 일은 이것뿐입니다. 이 일을 하십시오. 하나님 편에 서는 이 감격, 이 기쁨, 이 자랑이 아무리 나쁜 지적에도, 스스로 갖는 좌절감에도 자폭하지 않고 뻔뻔스럽게 다시 살아갈 수 있는 용기를 줍니다. 이것은 하나님 편에서만 가능합니다. 그분이 우리의 대장이기에 우리는 그분이 우리에게 걷게 하시는 길을 맨발로 뛰면서 감격을 누리며 삽니다. 많은 신자가 자기가 만들어 놓은 인생에 하나님을 동반자로 부르면 된다고 착각합니다. 우리는 하나님이 계획하신 길을 걸을 뿐입니다. 하나님이 원하시는 일을 위하여 나를 태어나게 하셨음을 알아야 합니다. 매일 '하나님, 무엇을 어떻게 해야 합니까?' 하고 물어봅시다. 이렇게 질문하는 의식과 각성이 신자에게 필요합니다.

질문하기

1. 우리 신앙의 성장을 방해하는 지점은 어디입니까?

2. 우리가 하나님의 자녀가 되었다는 사실은 어떤 뜻입니까?

3. 신자가 자기 인생을 점검할 때 해야 할 질문은 무엇입니까?

나누기

하나님이 우리 주인이 되신다는 것이 신앙 성숙에 어떤 도움이 되는지 나누어 봅시다.

04

영적 싸움

———— 21 그 때에 여호수아가 가서 산지와 헤브론과 드빌과 아납과 유다 온 산지와 이스라엘의 온 산지에서 아낙 사람들을 멸절하고 그가 또 그들의 성읍들을 진멸하여 바쳤으므로 22 이스라엘 자손의 땅에는 아낙 사람들이 하나도 남지 아니하였고 가사와 가드와 아스돗에만 남았더라 23 이와 같이 여호수아가 여호와께서 모세에게 말씀하신 대로 그 온 땅을 점령하여 이스라엘 지파의 구분에 따라 기업으로 주매 그 땅에 전쟁이 그쳤더라 (수 11:21-23)

우리는 다윗과 골리앗 사건을 잘 압니다. 하나님이 다윗으로 하여금 골리앗을 쳐서 이기게 하신 이야기입니다. 그런데 이 이야기를 하나님 편에 선 자가 하나님 편에 서지 않은 자를 이긴 사건으로만 단순하게 이해하면 안 됩니다. 성경은 먼저 이 일이 왜 일어났는지를 본문 말씀 여호수아 11장에서 암시합니다. 이 사건은 이스라엘이 가드를 남겨 놓았기 때문에 일어난 것입니다. 이 사건에 담긴 의미가 사무엘상 17장에 나옵니다.

이스라엘과 다윗의 차이

사무엘상 17장에 이르기까지 이스라엘 백성은 여호수아를 좇아 가나안에 들어가 그 땅 원주민을 쫓아내라는 하나님의 명령을 지키지 못합니다. 사사기에 이르러 그들은 하나님 앞에 혼이 납니다. '세상의 원리와 타협하지 말아라. 세상 것들을 좋아하지 말아라. 그들과 섞이지 말고 그들을 잘라 내라'라는 의도로 하나님은 가나안 족속을 몰아내라고 하십니다. 그런데 이스라엘 백성은 그렇게 하지 않습니다. 가사와 가드와 아스돗을 진멸하지 않고 남겨 놓은 것은 그들이 세상 것을 좋아했기 때문이라고 성경은 지적합니다. 그 결과 사사기에서 그들은 하나님을 버리고 세상과 타협하여 크게 혼이 납니다. 이스라엘 백성이 블레셋, 모압, 암몬, 아말렉 등 주변 모든 국가에게 지독하게 시달리는 내용이 사사기에 내내 나옵니다.

그런데 그들은 사사기에 이르기까지 이를 영적 싸움 곧 하나님에게 순종해야 하는 싸움으로 보지 않고, 자기들의 세력이 약해서 이기지 못한다고만 생각합니다. 그래서 그들은 하나님에게 왕을 달라고 요구합니다. 자기들이 신앙적으로 진실되게 살거나 회개하는 자리로 가지 않고 왕이 없어서 싸움에 졌다며 왕을 달라고 합니다. 그래서 세워진 왕이 사울입니다.

"너희가 나를 의지하지 않고 세상적으로 힘을 키워 세상을 이길 수 있다고 생각하느냐? 어리석은 자들아!" 하나님은 이스라엘 백성들을 보고 안타까워하셨습니다. 그들이 남겨 놓은 죄의 뿌리가 성장하여 큰 위협이 된 것을 모르고, 문제가 자신에게 있었던 것을 깨닫지 못하여 더욱 커져 버린 사건인데도 그저 이겨 낼 더 큰 힘을 달라고 합니다. 성경은 이에 대한 대답으로 다윗과 골리앗의 싸움을 보여 줍니다. 여기 다윗이 등장합니다. 사무엘상 17장 31절부터 봅시다.

어떤 사람이 다윗이 한 말을 듣고 그것을 사울에게 전하였으므로 사울이 다윗을 부른지라 다윗이 사울에게 말하되 그로 말미암아 사람이 낙담하지 말 것이라 주의 종이 가서 저 블레셋 사람과 싸우리이다 하니 사울이 다윗에게 이르되 네가 가서 저 블레셋 사람과 싸울 수 없으리니 너는 소년이요 그는 어려서부터 용사임이니라 다윗이 사울에게 말하되 주의 종이 아버지의 양을 지킬 때에 사자나 곰이 와서 양 떼에서 새끼를 물어가면 내가 따라가서 그것을 치고 그 입에서 새끼를 건져내었고 그것이 일어나 나를 해하고 자 하면 내가 그 수염을 잡고 그것을 쳐죽였나이다 주의 종이 사자와 곰도 쳤은즉 살아 계시는 하나님의 군대를 모욕한 이 할례받지 않은 블레셋 사람이리이까 그가 그 짐승의 하나와 같이 되리이다 또 다윗이 이르되 여호와께서 나를 사자의 발톱과 곰의 발톱에서 건져내셨은즉 나를 이 블레셋 사람의 손에서도 건져내시리이다 (삼상 17:31-37 중)

다윗의 고백이 재미있습니다. 상대가 얼마나 큰 존재인지는 관계없다고 합니다. '나를 사자의 발톱에서 꺼내신 하나님이 골리앗도 이기게 하실 것이다. 이것은 동일한 싸움이기 때문이다.' 한편, 이스라엘 백성들이나 오늘날 신자들은 이 싸움에서 이기려면 백 명, 천 명의 원군, 아니 원자탄 정도는 있어야 한다고 생각합니다. 외적 조건만으로 판단합니다. 그래서 바로 가사와 가드와 아스돗 정도의 적은 남아 있어도 괜찮다는 생각에 이릅니다. 그들이 한 오해였습니다. 그 땅에 전쟁이 그치고 이스라엘이 평화를 유지하는데 가사와 가드와 아스돗 정도는 아무런 문제가 되지 않을 것이라고 생각했습니다. 다윗의 생각과 차이가 있습니다.

이스라엘 백성이 무시했던 것들이 지금 눈앞에 골리앗으로 나타나 있습니다. 그래서 그들은 '칼을 들고 싸워야겠다. 미사일과 전투기가 있어야겠다' 하는 식으로 골리앗을 상대하려고 합니다. 그러나 다윗은 이 일을 다르게 해결합니다. 그는 이것이 하나님을 의지해서 풀어야 할 일임을 압니다. 하나님이 다윗을 통해 이 문제를 푸시는 이유입니다. 그리하여 이 문제는 외적 조건에 관한 것이 아니라 신앙의 원리에 관한 것임을 이스라엘 백성에게 다시 확인시키십니다. 그들이 가드에 남겨 놓았던 죄의 뿌리에 관한 싸움입니다. 이 싸움은 외적 규모의 문제가 아님을 증명하기 위하여, 사울이나 이스라엘 군대가 아닌 원리에 가장 순복하는 목동 다윗을 들어 이 사건을 해결하십니다. 우리가 깨달아야 할 핵심입니다.

남겨 둔 가드로 인해

골리앗이 나타났으니 골리앗보다 센 자만 그를 이길 것이라는 식으로 생각하지 말아야 한다는 말씀입니다. 다윗이 강했기 때문에 이겼다고 생각하지 마십시오. 가드를 무너뜨릴 수 있었지만 그러지 않았던 일의 결과가 바로 몇 십 년, 몇 백 년 후에 그 후손에게서 나타납니다. 여호수아가 '저 성을 빼앗자'라고 한마디만 했으면 되었을 일입니다. 그때 가드가 제발 살려 달라고 해서 남겨 두었습니다. 당시 방치했던 일이 이제 일어납니다. 그러니 무서워하지 말라는 이야기입니다. 그때 무릎 꿇고 빌면서 멸망하지 말아 달라고 했던 가드와 지금 항복하라고 외치는 골리앗을 같은 관점에서 봐야 합니다.

그때 용서해서도 안 되었으며, 지금도 두려워할 필요가 없는 상대입니다. 그렇지만 그때 절대 방치해서는 안 되었던 것을 방치했기 때문에 후에 그것이 얼마나 큰 위협으로 나타났는지에 대해서 뼛속 깊이 기억하라고 다윗과 골리앗의 싸움을 보여 줍니다. 하나님은 이 문제를 사울이나 이스라엘 군사로 해결하지 않으십니다. 이스라엘 백성이 사울을 왕으로 삼은 것은 인간적 차원에서 강구해 낸 방법이기 때문에 하나님은 그 방법으로 이 문제를 해결하지 않으십니다. 이 장면에서 다윗을 등장시키시는 하나님의 의도를 알아야 합니다.

왜 이렇게 됐는지를 명심해야 합니다. 남겨 놓은 가드가 커져 버린 것입니다. 처음에 실수한 그 대목으로 돌아가야 합니다. 가드를 남겨 두지 말고 진멸하십시오. 아스돗을 회피하지 마십시오. 다시 무릎을 꿇고 "맞습니다. 하나님! 이 문제는 제가 주님 말씀에 순종하지 못하고 남겨 놓았던 뿌리가 지금 열매를 맺은 것뿐입니다. 다시 와서 무릎을 꿇습니다. 주님이 어떻게 해결하시든지 다 좋습니다. 망신을 주셔도 좋습니다. 제가 이 문제를 뿌리 뽑겠습니다" 하는 지점까지 와야 합니다. 이것이 신앙입니다.

예수를 믿고 산다는 것은 참으로 복된 삶입니다. 그 복은 더러움 가운데 앉아서 진리를 외면하고 우리 마음대로 해도 괜찮다는 것이 아닙니다. 하나님은 분명 우리 영혼에 손해가 되는 것을 떨쳐 버리고 벗어 버리라고 요구하십니다. "그건 안 된다. 만지지 마라. 쳐다보지 마라. 들어가지 마라. 나와라. 네 오른눈이 너를 실족하게 하거든 뽑아라. 네 오른손이 너를 실족하게 하거든 잘라라"

라고 하십니다. 그런데 우리는 이 말씀을 외면합니다.

사무엘상 17장 45절입니다. "다윗이 블레셋 사람에게 이르되 너는 칼과 창과 단창으로 내게 나아오거니와 나는 만군의 여호와의 이름 곧 네가 모욕하는 이스라엘 군대의 하나님의 이름으로 네게 나아가노라." 다윗은 이스라엘을 모욕하는 골리앗을 무서워하는 것이 아닙니다. '네가 모욕하는 이스라엘 군대의 하나님의 이름으로'라는 다윗의 말에는 피가 역류할 정도의 분노가 있습니다. 이스라엘의 하나님이 남들 앞에서 모욕을 당해도 백성들이 꼼짝하지 못하는 상태에 대한 분노입니다. 이스라엘의 왕, 홍해를 가르시고 애굽의 바로왕을 묵사발로 만드신 하나님이, 길러 내고 구출해 내고 복을 준 백성들 앞에서 모욕을 당한다는 사실에 다윗은 분노합니다. '네가 모욕하는 이스라엘 군대의 하나님의 이름으로 네게 나아가노라.' 이 분노가 우리 마음속에 있습니까?

거룩한 싸움

우리 마음에 이 분노가 있으면 좋겠습니다. 어쩌다 우리는 하나님이 모욕을 당하고 우스워진 세상에서 살아가게 되었습니까? 이렇게 된 것에 대한 안타까움이 우리에게 없는 것 같습니다. 우리는 엄벙덤벙 살고 있으면서도 잘하고 있는 것같이 뻔뻔하게 굽니다. 우리의 잘못을 깨달아야 합니다.

우리의 싸움은 하나님이 우리에게 요구하시는 영적 순종에서 시작됩니다. 아무리 사소해 보여도 죄의 뿌리를 뽑아내십시오. 뽑아내는 데 실패해서 그것이 크게 자라 나타나거든 두려워 마십시오. 그때라도 늦지 않습니다. 다시 무릎을 꿇고 순종함으로 해결하십시오. 쳐들어온 상대방이나 일어난 사건이 아니라 그 일을 만나게 된 나 자신을 돌아보십시오.

하나님을 외면하고서라도 그 지위를 획득하려는 유혹이 찾아오게 됩니다. 그러면 세상의 방법을 도입할 수밖에 없습니다. 마음에서 쫓아내지 못한 세상의 방법과 가치관이 어느 날 우리에게 호령하는 날이 옵니다. 하나님의 명령을 좇아 진멸하십시오. 쫓아내십시오. 그 싸움에 몇 번 실패했는지는 물을 필요가 없습니다. 일흔 번씩 일곱 번 실패하였어도 상관없습니다. 바로 이 싸움이 우리의 싸움임을 알아야 합니다. 자꾸 실패하더라도 결국 승리해야 한다는 것만은 알고서 실패하십시오.

승리하는 날까지 도망가지 말고, 모른다고 시치미 떼지도 마십시오. 우리를 부르신 하나님의 명령입니다. 최고의 왕 다윗은 이렇게 탄생합니다. 우리가 부름받은 역할이 골리앗이 아니라 다윗임을 기뻐하십시오. 다윗이 하나님 앞에 받은 영광이 우리의 영광임을 기억하고 오늘 우리에게 요구된 신앙의 싸움을, 그 거룩한 싸움을 하겠다고 결심하십시오. 우리는 그 자리에 부름받은 사람들입니다.

질문하기

1. 다윗과 골리앗 사건은 왜 일어났습니까?

2. 이스라엘과 달리 다윗은 골리앗이라는 문제를 어떻게 풉니까?

3. 우리의 싸움은 어디에서 시작됩니까?

나누기

1. 내가 교회에서 맡은 '다윗 역할'은 무엇인지 나누어 봅시다.

2. 아직 몰아내지 못하여 싸워야만 하는 나의 '가드'는 무엇인지 나누어 봅시다.

05

신자의 승리

50 형제들아 내가 이것을 말하노니 혈과 육은 하나님 나라를 이어 받을 수 없고 또한 썩는 것은 썩지 아니하는 것을 유업으로 받지 못하느니라 51 보라 내가 너희에게 비밀을 말하노니 우리가 다 잠 잘 것이 아니요 마지막 나팔에 순식간에 홀연히 다 변화되리니 52 나팔 소리가 나매 죽은 자들이 썩지 아니할 것으로 다시 살아나고 우리도 변화되리라 53 이 썩을 것이 반드시 썩지 아니할 것을 입겠고 이 죽을 것이 죽지 아니함을 입으리로다 54 이 썩을 것이 썩지 아니함을 입고 이 죽을 것이 죽지 아니함을 입을 때에는 사망을 삼키고 이기리라고 기록된 말씀이 이루어지리라 55 사망아 너의 승리가 어디 있느냐 사망아 네가 쏘는 것

이 어디 있느냐 56 사망이 쏘는 것은 죄요 죄의 권능은 율법이라 57 우리 주 예수 그리스도로 말미암아 우리에게 승리를 주시는 하나님께 감사하노니 58 그러므로 내 사랑하는 형제들아 견실하며 흔들리지 말고 항상 주의 일에 더욱 힘쓰는 자들이 되라 이는 너희 수고가 주 안에서 헛되지 않은 줄 앎이라 (고전 15:50-58)

구원은 예수를 믿어 죄 사함을 받는 것으로 끝이 아닙니다. 예수를 믿어 죄 사함을 받는다는 것은 구원의 시작에 불과합니다. 구원을 받은 후에는 우리가 하나님의 자녀로서 성숙하기 위한 행동 지침이 필요합니다. 이번 장에서는 우리가 오늘 하루를 어떻게 살아서 신앙 성숙을 도모할 것인지에 대해 점검해 보려고 합니다.

하나님의 승리

첫 번째 행동 지침으로 기억할 것은 '승리'입니다. 성경이 승리에 대해 어떻게 설명하는지 고린도전서 15장 50절 이하를 통해 살펴보려고 합니다. 많은 신자가 '승리'라는 단어를 오해합니다. 기독교에서 말하는 승리는 상대보다 더 큰 힘을 가지고, 더 지혜로운 전략을 짜내어 이긴다는 의미가 아닙니다. 신앙생활에서의 승리는 결코 내가 적군보다 더 큰 힘을 가졌다고 주어지는 것이 아닙니다. 우리는 그런 힘을 달라고 자주 기도합니다. 본문 말씀은 이에 대한 우리의 생각을 바꾸어 놓을 대표적인 말씀입니다.

50절입니다. "형제들아 내가 이것을 말하노니 혈과 육은 하나님 나라를 이어 받을 수 없고 또한 썩는 것은 썩지 아니하는 것을 유업으로 받지 못하느니라." 유한은 무한을 담을 수 없습니다. 썩는 것은 썩지 않는 것을 담을 수 없습니다. 하나님 나라는 영원하고 썩지 않습니다. 하나님 나라를 유업으로 받을 우리라면, 신앙생활 하는 동안 특별한 존재로 변해야 할 것 같지 않습니까? 중간 단계쯤에서는 우리에게 어떤 징조가 나타나야 하지 않겠습니까? 예수를 열심히 믿으면 썩을 몸이 점점 구릿빛으로 물들고 단단해져 쇠가 되고, 은이 되고, 금이 되어 마침내 썩지 않을 것으로 변한다거나 머리 주위에 둥그런 광채가 생긴다거나 해야 하지 않겠습니까?

사도 바울은 51절에서 이렇게 말합니다. "보라 내가 너희에게 비밀을 말하노니 우리가 다 잠 잘 것이 아니요 마지막 나팔에 순식간에 홀연히 다 변화되리니." 마지막 나팔 소리가 날 때 변한다고 합니다. 그때까지는 잠자고 있습니다. 성경에서 '잠자다'라는 말은 신자의 죽음을 의미합니다. 생물학적으로 이야기하면 백골이 진토가 되어 어느 것이 살인지 뼈인지 구별할 수 없게 된 것을 뜻합니다.

우리도 모두 죽어서 썩을 것입니다. '썩지 않을 것'을 유업으로 받아야 하는데 우리는 썩을 것입니다. 이 놀라운 이율배반성을 의심해 본 적 있습니까? 이상하다고 생각한 적 없습니까? 우리가 썩지 않을 것을 받기 위해 우리 몸도 썩지 않게 점점 변화된다든가 하는 징조가 나타나야 할 것 같은데, 우리도 믿지 않는 사람과 똑같이 썩어 가고 있습니다. 나이가 들어 거울을 들여다보니 돌아가신 어머니 얼굴이 보이지 않습니까? 그것이 바로 늙어 가는 자기 얼굴입니다.

썩지 않을 것을 유업으로 받아야 할 사람들이 예수를 믿는데도 불구하고 죽어 갑니다. 이 말도 안 되는 현실을 감수할 수 있습니까? 썩지 않을 것을 받고 혈과 육이 아닌 신령한 것을 받아야 하는 우리가 죽어 가고 있습니다. 썩지 않을 것으로 다시 살아나고 변화되기 위하여 우리가 해야 할 것은 아무것도 없습니다. 변화하는 데 도움이 되는 것 또한 우리에게는 없습니다. 그때는 우리가 썩어서 없기 때문입니다. 무엇이 흙이고 무엇이 뼈인지 모를 단계에서 변화를 기다리고 또 내가 만들어 내는 것이 아니라 변화되어야만 변화된 것을 알 수 있는 단계에 들어갑니다.

54절에서 이 내용을 이야기합니다. "이 썩을 것이 썩지 아니함을 입고 이 죽을 것이 죽지 아니함을 입을 때에는 사망을 삼키고 이기리라고 기록된 말씀이 이루어지리라." 우리가 사망을 이기는 것이 아니라 우리를 진흙 속에 붙잡고 있던 사망이 그의 권세를 놓쳐서 우리가 부활할 것이라고 합니다. 부활하는 그 순간까지 우리는 썩어져 누워 있을 뿐입니다. 변화될 모습에 관하여 어떤 징조도 나타나지 않고 다만 썩어 문드러져 누워 있는 것에 불과

합니다. 57절입니다. "우리 주 예수 그리스도로 말미암아 우리에게 승리를 주시는 하나님께 감사하노니." 우리가 이기는 것이 아닙니다. 하나님이 승리를 주셔서 이길 뿐입니다. 신자가 기억해야 할 귀중한 말씀입니다.

우리의 싸움

신앙생활에서 전투란 '이길 수 있는 힘을 얻어내는 싸움'이 아니라 '이길 싸움'을 하는 것입니다. 신자에게 있는 가장 큰 미련함은 하나님이 요구하신 전투가 아닌 싸움을 하면서 승리를 달라고 하는 데 있습니다. 하나님이 승리를 주시는 전투는 하나님이 우리에게 요구하시는 싸움입니다.

우리에게 요구된 싸움은 우리가 하나님에게 붙어 있는가에 대한 것입니다. 성경은 이렇게 이야기합니다. '공중의 새를 보라. 들의 백합화가 어떻게 자라는가 생각하여 보라. 오늘 있다가 내일 아궁이에 던져지는 들풀을 보라. 너희는 먼저 그의 나라와 그의 의를 구하라.' 세상 것들을 목표로 삼지 말고 하나님이 요구하시는 것을 인생 목표로 삼으라는 말입니다.

구약의 사건을 통해 확인해 봅시다. 민수기 13장 25절 이하입니다. 이스라엘 백성이 출애굽을 해서 가나안 땅에 들어가기 위해 열두 명의 정탐꾼을 먼저 보냈습니다. 그들이 정탐을 마치고 돌아와서 보고하는 장면입니다.

사십 일 동안 땅을 정탐하기를 마치고 돌아와 바란 광야 가데스에 이르러 모세와 아론과 이스라엘 자손의 온 회중에게 나아와 그들에게 보고하고 그 땅의 과일을 보이고 모세에게 말하여 이르되 당신이 우리를 보낸 땅에 간즉 과연 그 땅에 젖과 꿀이 흐르는데 이것은 그 땅의 과일이니이다 그러나 그 땅 거주민은 강하고 성읍은 견고하고 심히 클 뿐 아니라 거기서 아낙 자손을 보았으며 아말렉인은 남방 땅에 거주하고 헷인과 여부스인과 아모리인은 산지에 거주하고 가나안인은 해변과 요단 가에 거주하더이다 갈렙이 모세 앞에서 백성을 조용하게 하고 이르되 우리가 곧 올라가서 그 땅을 취하자 능히 이기리라 하나 그와 함께 올라갔던 사람들은 이르되 우리는 능히 올라가서 그 백성을 치지 못하리라 그들은 우리보다 강하니라 하고 이스라엘 자손 앞에서 그 정탐한 땅을 악평하여 이르되 우리가 두루 다니며 정탐한 땅은 그 거주민을 삼키는 땅이요 거기서 본 모든 백성은 신장이 장대한 자들이며 거기서 네피림 후손인 아낙 자손의 거인들을 보았나니 우리는 스스로 보기에도 메뚜기 같으니 그들이 보기에도 그와 같았을 것이니라 (민 13:25-33)

이스라엘 백성들은 자기들에게 이길 만한 힘이 없다고 생각하여 전쟁을 회피했습니다. 전에 그들은 활 하나 쏘지 않고 열세 바퀴 돌아서 여리고성을 무너뜨렸던 자들인데 말입니다. '무너뜨렸다'는 말도 잘못된 표현입니다. 열세 바퀴 돌아서 '무너진 성'을 받았습니다.

하나님이 우리에게 승리를 약속하며 하시는 '믿음으로 이겨라'라는 말씀은 싸움의 과정이나 싸움의 방법에 대한 것이 아닙니다. 믿음은 '어떤 싸움을 할 것인가'에 동원되는 것입니다. 하나님이 요구하신 싸움을 할 것인가, 다시 말해 먹고 마실 것이 아닌 하나님의 뜻을 목표로 하는 싸움을 할 것인지 결정해야 합니다. 우리는 그렇게 살다가는 먹을 것도 입을 것도 없어서 못 살겠다고 불평합니다. 그래서 성경은 이야기합니다. '공중의 새를 보라!' 공중의 새를 보고 그를 기르시는 하나님의 의를 위해서 살 것인지, 아니면 그저 내 유익을 위해 살 것인지 결정해야 합니다.

바람아 불어라, 파도야 쳐라!

예수를 믿고 사는 삶에서 승리란 하나님이 싸우라고 명하신 싸움에 나갈 때 오는 것입니다. 그 싸움은 오직 하나입니다. '네 마음을 다하고 목숨을 다하고 뜻을 다하여 주 너의 하나님을 사랑하라'(마 22:37). 그렇게 살고 있습니까? 그렇게 살면 실패하지 않습니다. 승리만 있습니다. 여리고성을 무너뜨리고 요단강을 건너고 홍해를 가르는 등 성경에 기록된 모든 기적이 오늘 우리의 경험이 될 것입니다. 불을 보듯이 환합니다. 그만큼 확실한 것은 없습니다. 세상에서 가장 확실하다고 쳐 주는 학문은 수학입니다. 그런데 수학보다 더 확실한 것은 바로 하나님을 믿고 사는 인생의 승리입니다.

우리는 신앙생활에서 하나님 나라를 위해 해야 할 싸움은 하지 않고 우리가 벌인 싸움에 성경 말씀을 들고 가서 싸웁니다. 그러니 늘 터지고 들어옵니다. 그러고 나서 이렇게 기도합니다. "주여, 제가 무엇을 잘못했습니까? 깨우쳐 주소서!" 이를 몽땅 뽑히고 틀니를 하지 않은 것을 다행으로 여기길 바랍니다. 하나님이 참고 계신 것을 생각하면 놀라울 따름입니다.

우리 인생의 방향이 어디로 향하는지 다시 한번 생각해 볼 필요가 있습니다. 전도하고 봉사하고 헌금하는 것으로 인생을 때워서는 안 됩니다. 그것들은 내가 하나님을 향해 살기 때문에 나오는 열매여야 하지, 내 인생을 내 것으로 사는 데에 혹시 하나님이 화를 내실까 봐 꺼내 놓은 '친선 사절단'이어서는 안 됩니다. 주일에 한 번씩 예배드리러 오는 것이 예배드려 주는 것이 되어서는 안 된다는 말입니다. 기도해 준다고, 헌금해 준다고 하면서 정작 바쳐야 할 인생을 그것들로 대신하지 않기를 바랍니다.

물론 하나님 앞에 인생을 맡기고 살지 않는데도 하나님이 복을 주시는 경우가 있습니다. 먼저, 어릴 때입니다. 신앙적으로 어릴 때는 천하 만물을 주관하시는 이가 하나님이심을 알게 하려고 복을 허락하십니다. 하나님 앞에 인생을 내맡기지 않았는데도 하나님에게 구하면 병이 낫고 잘 살게 되는 복을 허락하십니다. 하나님이 '신앙 연령 6세 미만의 유치원생'들에게 당신이 만물의 주권자이심을 가르치시는 방법입니다. 그 외의 자녀들에게는 그런

식의 복은 없습니다.

하나님 앞에 인생을 맡기지 않으면 하나님은 결코 복을 주지 않으십니다. 그런데도 불구하고 복을 받는 자가 있다면 그 사람은 버려진 자식입니다. "이 세상에서나 잘 먹고 잘 살아라. 조금 있으면 너는 지옥행이다." 즉 근본적으로 하나님의 자녀가 아니라고 할 수 있습니다.

하나님의 모든 자녀는 그의 나라와 그의 의를 위해 부름받고 있으며 하나님의 생명이 맡겨진 삶을 사는 자들입니다. 우리 중 그 누구도 자기를 위해 사는 자가 없고, 자기를 위해 죽는 자도 없습니다. '사나 죽으나 우리가 주의 것이로다'(롬 14:8)라는 고백을 우리 것으로 삼아야 합니다. 이 말씀은 우리에게 무서운 경고이면서 동시에 놀라운 복입니다. 이제 이 길을 가기로 결심하십시오. 그러면 그다음에는 "예수 믿는 사람의 기쁨과 즐거움을 아십니까?"라는 물음에 "왜 몰라요?" 하고 대꾸할 수 있게 됩니다. 너무너무 기뻐야 당연합니다. 살아도 기쁘고 죽어도 기쁘고 병이 나도 기쁩니다.

예수를 믿는 인생의 복, 만족, 감격을 소유하길 바랍니다. 살아 계신 하나님 앞에 유쾌한 인생을 부여받은 만족감으로 '바람아, 불어라! 파도야, 쳐라!' 하며 의연하게 살아가는 모두가 되기를 바랍니다.

질문하기

1. 승리라는 말은 어떻게 오해됩니까?

2. 신앙생활에서 전투란 '이길 수 있는 힘을 얻어 내는 싸움'이 아니라 어떤 싸움입니까?

3. 하나님이 싸우라고 명하신 싸움은 무엇입니까?

나누기

하나님 앞에 유쾌하고 의연한 인생은 어떠한 모습일지 나누어 봅시다.

06

신자의 적극성

———————— 28 우리가 알거니와 하나님을 사랑하는 자 곧 그의 뜻대로 부르심을 입은 자들에게는 모든 것이 합력하여 선을 이루느니라 (롬 8:28)

본문 말씀의 모든 것이 합력하여 선을 이룬다는 것은 사건 자체가 복이라는 뜻이 아니라 사건이 갖는 의미가 복이라는 뜻입니다. 그렇게 이해하지 않으면 이 말씀은 해석할 도리가 없습니다. 왜냐하면 세상에서 예수를 알고 사는 사람들이든 모르고 사는 사람들이든 경험이나 생활은 다르지 않기 때문입니다. 예수를 알거나 모르거나 모두에게 사건이나 사고는 동일하게 일어납니다. 그런데 사건은 동일하지만 신자에게는 사건이 갖는 의미가 완전히 다릅니다. 이것이 여기서 말하는 '합력하여 선을 이룬다'는 말씀의 뜻입니다.

사건이 갖는
의미

예수 믿는 사람에게 있어서는 죽음이 절망일 수도 없고 저주일 수도 없습니다. 성경에 기록된 대로 죽음은 주 안에서 잠자는 것에 불과하고 예수 그리스도가 다시 오는 날, 재림의 나팔 소리와 함께 다 같이 부활하여 천국에서 만난다는 사실을 알기에 사별이 끝일 수 없습니다. 그런데 우리는 이렇게 말합니다. "죽은 사람이야 천국 갔으니 괜찮지만 남아 있는 아이들은 어찌할까?"

사실 남편이 먹여 살리는 가정은 없습니다. 하나님이 먹이십니다. 남자들 체면을 세워 주느라고 하나님이 남편을 통해서 공급하실 뿐입니다. 그것마저 없으면 남자들이 무엇을 뽐내겠습니까? 하나님이 불쌍히 여기셔서 남편들에게 체면 세울 일을 주신 것입니다.

믿는 사람과 믿지 않는 사람에게 동일하게 주어지는 사건에서 다른 점은 그 사건이 갖는 의미입니다. 의미는 해석하기 나름입니다. 세상 사람들이 예수 믿는 사람들을 약 올리는 말이 있습니다.

"교통사고가 나서 머리가 깨졌는데 한다는 소리가 '하나님, 감사합니다. 눈이 안 깨져서 감사합니다'라고 하더라고. 이게 무슨 감사인가. 웃기는 사람들이야." 그렇습니다. 우리는 웃기는 사람들입니다.

'새옹지마'라는 말을 해석하는 데 있어서도 그렇습니다. 인간의 관점에서 인생을 해석하는 것이 얼마나 부족한지를 잘 나타내는 말이 새옹지마입니다. 인생에 대한 해석도 사람마다 다르고, 일어나는 일에 대한 해석도 매번 다릅니다. 어느 쪽으로 해석해도 그 일은 우리 손에 달려 있지 않다는 이야기를 하고 있습니다. 우리에게는 이것이, 모든 것이 합력하여 선을 이룬다는 말씀으로 해석됩니다. 우리 안에 계시는 성령님이 이 원리로 우리에게 일어난 모든 문제를 설명하십니다. 우리를 예수 그리스도에게 향하게 하십니다.

신자와 불신자

다시 26절을 봅시다. "이와 같이 성령도 우리의 연약함을 도우시나니 우리는 마땅히 기도할 바를 알지 못하나 오직 성령이 말할 수 없는 탄식으로 우리를 위하여 친히 간구하시느니라." '우리는 마땅히 기도할 바를 알지 못하나'라는 말은 우리에게 기도할 내용이 없다거나 우리가 기도를 안 한다는 의미가 아니라, 무엇이 중요한지 모르고 기도한다는 의미입니다. 그래서 고작 소원하는 것이 불로초를 얻는 것과 백년해로하는 것과 가정의 행복과 평안하게 살다가 평안하게 죽는 것 정도입니다. 그때 우리 안에서 그러지 말라고 브레이크를 거는 분이 계십니다. 바로 성령님입니다.

성령님이 하나님에게 구합니다. 우리는 욕심을 부리면서 뛰어가고 있는데 성령님이 브레이크를 거신 후 그 지점에서 우리로 하여금 하나님에게 시선을 돌리게 하고 인생을 바로잡게 하십니다. 그래서 우리는 믿지 않는 사람들과 동일한 실수를 저지르는데도 시선을 자꾸만 하나님에게로 향할 수밖에 없게 됩니다. 이럴 때 모든 것이 합력하여 선을 이룬다고 합니다. 이것이 신자가 불신자와 다른 점입니다. 고린도전서 6장 19절부터 20절을 봅시다.

너희 몸은 너희가 하나님께로부터 받은 바 너희 가운데 계신 성령의 전인 줄을 알지 못하느냐 너희는 너희 자신의 것이 아니라 값으로 산 것이 되었으니 그런즉 너희 몸으로 하나님께 영광을 돌리라 (고전 6:19-20)

바울은 두 가지를 지적합니다. '너희 몸은 성령이 거하시는 전'이라는 것과 '너희는 너희 것이 아니다. 하나님의 것이다'라는 것입니다. 성령이 우리 안에 거하셔서 우리의 목표와 자세를 하나님에게 향하게 합니다. 그런데 이것만으로는 하나님 앞에서 우리를 완성시킬 수 없습니다.

이런 격언이 있습니다. '말을 시냇가까지 끌고 갈 수는 있지만 물을 먹일 수는 없다. 물은 말 스스로가 먹을 수밖에 없다.' 똑같은 이야기입니다. 성령님이 우리 안에서 우리가 가고 싶어 하는 길을 막고 그 길로 가지 못하게 채찍질을 하여 우리를 끌어오실 수는 있습니다. 공부를 안 하고 자꾸 나가서 노니까 붙잡아다 묶어 놓을 수는 있습니다. 그런데 공부는 본인이 해야 합니다. 성경이 하는 이야기입니다. '너희는 성령이 계시는 전이다. 너희는 이제 그리스도와 한 몸이다. 그런 너희 몸을 더럽혀서야 되겠느냐?' 그래서 행동 지침을 줍니다. 에베소서 4장 30절부터 32절에서 확인합시다.

하나님의 성령을 근심하게 하지 말라 그 안에서 너희가 구원의 날까지 인치심을 받았느니라 너희는 모든 악독과 노함과 분냄과 떠드는 것과 비방하는 것을 모든 악의와 함께 버리고 서로 친절하게 하며 불쌍히 여기며 서로 용서하기를 하나님이 그리스도 안에서 너희를 용서하심과 같이 하라 (엡 4:30-32)

여기 제시한 모든 행동 강령은 '하나님의 성령을 근심하게 하지 말라'라는 말씀에 근거합니다. 하나님의 성령을 근심하게 하지 않기 위해 제시된 행동 강령은 성경에 쓰여 있지 않아도 납득이 갈 만한 내용입니다. '모든 악의와 함께 버리고 서로 친절하게 하며 불쌍히 여기라'로 요약해 볼 수 있습니다.

다르게 사는 인생

신앙생활이란 종교적 행위를 말하는 것이 아닙니다. 우리에게는 사업을 하거나 회사에서 일을 하거나 집에서 자녀들을 가르치며 돌보는 일이 있습니다. 그 일들을 위해 가장 필요한 것은 무엇입니까? 먹고 자는 것입니다. 세끼 식사와 단잠이 없으면 맡겨진 일과를 감당할 에너지를 얻을 수 없습니다. 또 오늘 해야 할 일이 무엇을 위한 일이며 어떻게 해야 하는 일인지 모르면 안 됩니다.

우리가 성경을 읽으며 기도하는 것은 신앙생활을 위한 에너지와 지식을 공급받기 위해서입니다. 기도하고 성경을 읽는 것이 그저 일과에 그쳐서는 안 됩니다. 하루에 세끼를 먹고 밤잠을 자는 것이 건강을 유지하는 데 도움이 되듯이, 시간을 정해 놓고 기도하고 성경을 읽는 것은 신앙에 도움이 되지만 그것이 신앙생활의 전부는 아닙니다. 성경 읽고 기도하는 '행위'만 하지 마십시오. 물론 그것은 필요합니다. 그것으로 얻은 에너지를 가지고 신앙생활을 해야 합니다. 믿지 않는 사람들과 똑같이 주어진 생활 속에서 말입니다. 하나님이 우리에게 맡기신 일은 종교 행위가 아니라 믿지 않는 사람들과 다를 바 없는 인생을 다르게 사는 것입니다. 갈라디아서 5장 말씀을 봅시다.

내가 이르노니 너희는 성령을 따라 행하라 그리하면 육체의 욕심을 이루지 아니하리라 육체의 소욕은 성령을 거스르고 성령은 육체를 거스르나니 이 둘이 서로 대적함으로 너희가 원하는 것을 하지 못하게 하려 함이니라 너희가 만일 성령의 인도하시는 바가 되면 율법 아래에 있지 아니하리라 육체의 일은 분명하니 곧 음행과 더러운 것과 호색과 우상 숭배와 주술과 원수 맺는 것과 분쟁과 시기와 분냄과 당 짓는 것과 분열함과 이단과 투기와 술 취함과 방탕함과 또 그와 같은 것들이라 전에 너희에게 경계한 것 같이 경계하노니 이런 일을 하는 자들은 하나님의 나라를 유업으로 받지 못할 것이요 오직 성령의 열매는 사랑과 희락과 화평과 오래 참음과 자비와 양선과 충성과 온유와 절제니 이같은 것을 금지할 법이 없느니라 (갈 5:16-23)

갈라디아서 5장 16절 이하에 있는 말씀은 우리에게 성령의 열매를 맺으라고 강요하는 이야기가 아닙니다. 여기서 '성령의 열매'와 '육체의 일'을 대조하여 제시한 것은 성령의 열매만을 목표로 삼으라는 의미가 아니라 성령을 따르라는 말입니다. 16절에 '너희는 성령을 따라 행하라 그리하면 육체의 욕심을 이루지 아니' 한다고 되어 있습니다. 17절 말씀, 즉 '육체의 소욕은 성령을 거스르고 성령은 육체를 거스르나니'에서도 성령의 열매와 육체의 일은 동시에 공존할 수 없다고 합니다. '너희가 하나님의 사람이며 성령이 너희 안에 있으며 너희가 성령을 근심하게 하지 않기로 결심했다면 성령을 따라 살아라' 하는 것입니다.

성령을 따라 사는지는 우리가 하는 일로 어떤 열매가 맺히는지를 보고 확인할 수 있습니다. 그 열매가 육체의 일이면 육체의 소욕을 따른 것이고 그 열매가 성령의 열매면 성령을 따른 것입니다. 열매를 보고 성령을 따랐는지 육체를 따랐는지 확인할 수 있습니다. '성령의 열매'는 목표가 아니라 내가 하는 일이 하나님 앞에 정당한지를 판별하는 리트머스 시험지입니다. 즉 "서로 사랑하자!"라고만 하지 말고 그런 자세와 분위기로 살아야 합니다. 예수님이 붙잡혀 가실 때 칼을 뽑은 사람이 있었습니다. 베드로입니다. 그러나 주님은 그 행동을 말리셨습니다. 비록 주님을 위한 일일지라도 성내고 화내는 것은 육체의 욕심을 따르는 일임을 보여준 사건입니다.

우리는 '사랑'을 목표로 합니다. 그런데 "사랑하자!"라는 말만큼 공허한 것이 없습니다. 또 사랑보다 어려운 것도 없습니다. 기껏 할퀴고 "사랑하자. 우리 교회는 사랑이 없다"라고 합니다. 사랑은 꺼내 놓을 만한 형체를 가진 것이 아닙니다. 사랑은 실증하는 것이 아니라 행동이며 태도입니다.

질문하기

1. 모든 것이 합력하여 선을 이룬다는 말씀은 어떤 뜻입니까?

2. 하나님이 우리에게 맡기신 일은 종교 행위가 아니라 무엇입니까?

3. 성령을 따라 사는 사람은 어떻게 확인할 수 있습니까?

나누기

세상 속에서 믿지 않는 자와 다르게 살고 있는 모습을 나누어 봅시다.

07

신
자
의

능
력

━━━━━━ 21 나는 우리가 약한 것 같이 욕되게 말하노라 그러나 누가 무슨 일에 담대하면 어리석은 말이나마 나도 담대하리라 22 그들이 히브리인이냐 나도 그러하며 그들이 이스라엘인이냐 나도 그러하며 그들이 아브라함의 후손이냐 나도 그러하며 23 그들이 그리스도의 일꾼이냐 정신 없는 말을 하거니와 나는 더욱 그러하도다 내가 수고를 넘치도록 하고 옥에 갇히기도 더 많이 하고 매도 수없이 맞고 여러 번 죽을 뻔하였으니 24 유대인들에게 사십에서 하나 감한 매를 다섯 번 맞았으며 25 세 번 태장으로 맞고 한 번 돌로 맞고 세 번 파선하고 일 주야를 깊은 바다에서 지냈으며 26 여러 번 여행하면서 강의 위험과 강도의 위험과 동족

의 위험과 이방인의 위험과 시내의 위험과 광야의 위험과 바다의 위험과 거짓 형제 중의 위험을 당하고 27 또 수고하며 애쓰고 여러 번 자지 못하고 주리며 목마르고 여러 번 굶고 춥고 헐벗었노라 (고후 11:21-27)

성경이 말씀하는 '능력'과 우리가 생각하는 '능력'은 다릅니다. 예수 믿는 사람뿐만 아니라 대부분의 사람이 이해하는 능력에 대한 개념은 자기중심적 능력, 즉 자존심과 이익을 채워 줄 수 있는 힘입니다. 그러나 성경에서 능력은 그런 의미로 쓰이지 않습니다. 성경이 말하는 능력은 '목적을 이루어 내는 힘'으로, 우리가 말하는 능력과는 차이가 있습니다.

성경이 말하는 능력의 의미

목적을 성취하는 데에는 능력이 필요합니다. 목적에 따라 능력도 다르게 요구됩니다. 우리는 '아는 것이 힘'이라고 말하곤 하는데, 이때의 힘은 물리적 힘이 아니라 지력입니다. 마찬가지로 성경에서 능력을 말할 때도 다른 각도에서 생각해 보아야 합니다. 그런데 우리는 성경이 말하는 능력에 대해 자신을 만족시켜 주고 채워 주는 힘 정도로 생각합니다.

본문 말씀 고린도후서 11장 21절 이하를 보면 사도 바울의 경험이 기록되어 있습니다. 그는 매를 수없이 맞고 여러 번 죽을 뻔 했습니다. 유대인들에게는 40대 이상 때리지 못하게 하는 법이 있어서 40에서 하나 감한 매가 최고형이었습니다. 40에서 하나 감한 매를 다섯 번 맞았으니 총 195대입니다. 지독한 형벌을 다섯 번이나 받은 것입니다. 닷새 동안 연이어 맞은 것이 아니라 상처가 아문 다음에 다시 맞았을 것입니다. 게다가 채찍을 맞는 것도 세 번 당하고 돌로 한 번 맞았는데, 에베소에 전도하러 갔다가 맞은 것입니다. 이 일로 바울이 죽은 줄 알고 사람들이 그를 성 밖에 내다 버린 적도 있습니다. 이후에도 많습니다. 파선을 당하고 강도로부터 위험을 당하고, 수고하고 애쓰고 잠도 못 자고 주리고 목마르며 굶고 춥고 헐벗었다고 합니다.

이런 모습들이 능력 있는 모습입니까? 여기서 능력이 나타났습니까? 능력이 있다면 돌로 맞을 때 돌이 튕겨져 나가 돌을 던진 사람을 맞추고 죽일 정도는 되어야 하는데 그게 아니라 돌에 맞고 뻗습니다. 이것이 능력입니까? 성경만큼 우리가 의미를 오해하게 되는 책도 없을 것입니다. 성경에 나오는 단어들의 의미는 우리가 알던 의미와 다른 경우가 많습니다. 사랑, 능력, 믿음 등 많은 단어들의 의미가 우리가 흔히 생각하는 것과 같지 않습니다.

목적을 이루게 하는 능력

능력을 설명하면서 왜 사도 바울의 경험에 대해 이야기하는지 알아야 합니다. 성경에서 '능력'은 목적을 이루는 힘을 말합니다. 바울에게 능력이 없어 보이는 것은 우리가 생각하는 목적이 성경이 말하는 것과 다르기 때문입니다.

고대 중국에 사마천이 쓴 《사기》라는 책이 있습니다. 사마천이 그 글을 쓰기까지는 깊은 사연이 있습니다. 그는 포로가 된 장군을 찬양하고 두둔하는 글을 써 중죄인으로 잡혀 궁형 즉 거세를 당하게 되었습니다. 당시 중국에서는 남자가 궁형에 처해지면 자존심을 위해 자결을 택하지, 아무도 죽음 대신 거세를 택하지는 않았습니다. 남자가 남자의 자존심과 명예를 버리고 목숨을 부지한다는 것은 당시 사회에서 매장당할 행위였습니다. 그런데 사마천은 죽음 대신 궁형을 자원했습니다. 왜 그런 선택으로 당시 모든 사람에게 경멸과 조롱을 받으면서까지 목숨을 연장하려고 했겠습니까? 할 일이 있었기 때문입니다. 그는 역사책을 완성해야 했습니다. '우리가 겪었던 시행착오를 후손에게까지 넘기지는 말자. 후손들이 우리와 동일한 실수를 하도록 내버려두지 말자. 그들이 우리의 전철을 밟게 하지 말자.' 이런 생각이 사마천으로 하여금 궁형을 당하고도 살아 있게 한 힘이 되었습니다.

바로 이 이야기입니다. 복음이 사도 바울로 매 맞고 돌에 맞고 파선을 당하고 경멸을 당하고 오해받고 사회에서 매장당하는 일을 감수하게 한 것입니다. 그는 복음을 전하는 자였기 때문에 그 일들을 감수할 수 있었습니다. 고린도후서 11장 32절 이하를 보면 느닷없는 진술이 나옵니다. "다메섹에서 아레다 왕의 고관이 나를 잡으려고 다메섹 성을 지켰으나 나는 광주리를 타고 들창문으로 성벽을 내려가 그 손에서 벗어났노라"(고후 11:32-33). 제가 느닷없는 진술이라고 말한 이유가 30절 이하를 보면 나옵니다. "내가 부득불 자랑할진대 내가 약한 것을 자랑하리라 주 예수의 아버지 영원히 찬송할 하나님이 내가 거짓말 아니하는 것을 아시느니라"(고후 11:30-31). 이렇게 맹세까지 했는데 광주리를 타고 도망갔다고 합니다. 이것이 자랑스러운 이야기입니까? 결코 아닙니다.

저는 사도 바울의 어떤 기록도 다 좋지만, 특히 광주리를 타고 도망갔다는 이야기를 읽을 때 가장 기분이 좋습니다. 사도 바울이 자기 명예와 자존심을 위하여 하나님에게 능력을 요구한 것이 아니라 하나님의 복음을 위하여 자기는 밟혀도 좋다는 것을 증명하는 대목이기 때문입니다. "나에게 이르시기를 내 은혜가 네게 족하도다 이는 내 능력이 약한 데서 온전하여짐이라 하신지라 그러므로 도리어 크게 기뻐함으로 나의 여러 약한 것들에 대하여 자랑하리니 이는 그리스도의 능력이 내게 머물게 하려 함이라"(고후 12:9).

여기에 능력이라는 단어가 두 번 나옵니다. 하나님의 능력은 우리의 약한 데서만 증명된다고 합니다. 그런데 신자가 하는 미련한 착각은 내가 힘을 가져서 하나님을 업고 뛰겠다는 생각입니다. 하나님이 불편하게 휠체어를 타고 계시니 나를 건강하게 해 주시면 내가 하나님을 업어 드리겠다고 생각합니다. 큰 오해입니다.

예수 그리스도의
능력

하나님은 우리가 약한 자리에서만 당신의 강함을 증명해 보이신다고 합니다. 가장 분명한 증거가 예수입니다. 예수의 생애가 능력 있는 자의 삶으로 보입니까, 연약한 자의 삶으로 보입니까?

우리는 예수님을 능력 있는 분으로 생각합니다. 예수님이 죽은 나사로를 살리시고 오병이어의 기적을 일으키시고 바다 위를 걸으신 놀라운 일들을 읽을 때 우리는 예수님이 능력을 가지고 살았다고 생각하는데 예수님은 한 번도 유능한 자로 사신 적이 없습니다. 하나님 나라를 증명하기 위하여 기적을 베푸신 적은 있어도 예수님이 자신을 증명하기 위하여 기적을 베푸신 적은 없습니다.

십자가에 죽으신 사건이 대표적입니다. 십자가에서 죽는 자리만큼 실패와 경멸과 좌절의 자리는 없습니다. 하나님이신 예수께서 인간들의 손에 체포당하여 묶이고 채찍을 맞아 홍포를 입고 가시관을 쓰고 십자가에 매달리셨습니다. 그는 십자가를 질 힘도 없어서 옆에서 길을 가던 구레네 시몬이 대신 지고 올라가야만 했습니다. 여기에 우리가 말하는 힘과 능력이 있습니까? 예수가 달린 십자가 밑에 있던 사람들은 이렇게 조롱했습니다. "네가 만일 하나님의 아들이거든 내려와 봐라."

우리 기준에서 볼 때 예수님이 유능해 보이는 장면은 한 군데도 없습니다. 그런데도 그는 최후에 "다 이루었다"라고 합니다. 그가 하신 일은 하나님이 요구하신 일 외에 없었습니다. 잡히고 맞고 죽어 가는데 다 이루었다고 합니다. 성경에서는 목적을 이루는 것을 능력이라고 한다고 앞에서 언급했습니다. 그렇습니다. 목적을 이룬 면에서 예수님은 능력이 있습니다.

예수님의 능력은 자신이 옳음을 증명하는 데 동원된 것이 아니라, 자기가 해야 할 일을 이루는 데 동원된 것입니다. 예수가 오신 이유가 무엇입니까? '내가 온 것은 양으로 생명을 얻게 하'(요 10:10)기 위함이라고 말씀하셨습니다. 그의 죽으심으로 우리가 생명을 얻었습니다. 그가 채찍을 맞음으로 우리가 나음을 입어 하나님의 자녀가 되었습니다. 이 목적을 예수님처럼 잘 이룬 이가 있습니까? 이것이 능력입니다. 예수님보다 더 능력 있는 삶을 산 사람은 없습니다. 이것이 바로 신자에게 요구되는 성숙입니다.

예수는 자기가 정한 목적이 없고 하나님에게 붙잡혀 하나님의 목적을 이룬 존재입니다. 예수님이 빌립에게 하신 말씀(요 14:8-11 참조)에 잘 나와 있습니다. "나를 보라. 나를 보내신 자가 있다는 사실을 모르겠느냐? 내가 하는 일을 보라. 내가 하는 말을 보라. 내가 한 번이라도 내 말을 한 적이 있더냐? 나는 오직 나를 보낸 이가 하라고 하신 말을 하고, 나를 보낸 이가 살라고 하신 삶을 사는 것을 모르겠느냐."

십자가를 보면 알 수 있지 않습니까. 우리 중에 자기 욕심을 위해 죽는 이가 있습니까? 말이 안 됩니다. 예수님이 죽음을 불사했던 것은 자기를 위해 살지 않으셨기 때문입니다. 그래서 우리에게도 이 삶이 요구됩니다. 우리가 아버지 안에 있으면, 주님이 하신 일을 우리도 할 수 있습니다. 주님이 하신 일은 단 하나입니다. 양으로 생명을 얻게 하고 자기 목숨을 많은 사람의 대속물로 주는 일입니다.

우리도 그렇게 부름받았습니다. 우리는 우리 자신을 위하여 사는 자가 아닙니다. 우리 중에 아무도 자기를 위하여 사는 자가 없고 자기를 위하여 죽는 자도 없습니다. 우리는 사나 죽으나 주의 것입니다. 우리 삶으로 인하여, 우리 인생으로 인하여, 우리 존재로 인하여 이 진리가 드러나야 합니다. 이것이 우리 인생입니다. 예수님의 생애처럼 말입니다.

예수님이 십자가에 달려 죽으심으로 복음이 열매를 맺으며 하나님이 예수님을 보내신 목적을 이루신 것같이, 오늘 우리도 그렇게 부름받은 삶을 사는 자들입니다. 내 삶을 통하여 이웃들이 예수 그리스도에게 돌아오는 열매가 맺히도록 부름받았기에 우리 삶을 능력 있는 삶이라고 합니다. 누가 우리를 밟으면 밟히는 것입니다. 찢으면 찢기는 것입니다. 이것이 우리의 삶입니다.

하나님이 목적하신 일과 그 결과를 위하여 부름받은 대로 살고 있는지 돌아봐야 합니다. 이것이 신앙 성숙에 가장 필요합니다. 하나님 앞에 부름받은 우리 인생이 무엇을 위하여 존재하는지를 보십시오. 이것이 우리가 살아 내야 할 삶의 모습입니다.

질문하기

1. 사람들이 말하는 능력의 의미는 무엇입니까?

2. 바울이 광주리를 타고 도망간 기록은 어떤 의미를 지닙니까?

3. 우리의 삶으로, 인생으로, 존재로 드러내야 하는 진리는 무엇입니까?

나누기

하나님이 목적하시는 일과 그 결과를 위하여 부름받은 대로 살고 있는지 함께 나누어 봅시다.

08

신자의 자비

> 1 그러므로 형제들아 내가 하나님의 모든 자비하심으로 너희를 권하노니 너희 몸을 하나님이 기뻐하시는 거룩한 산 제물로 드리라 이는 너희가 드릴 영적 예배니라 (롬 12:1)

이번 장에서는 자비가 우리에게 필요한 이유와 자비를 어떻게 베풀어야 하는가에 대해 생각해 보겠습니다. 본문 말씀 로마서 12장 1절은 이렇게 요약할 수 있습니다. '너희 몸을 산 제물로 드려라.' 그 근거로 제시하는 말씀이 '하나님의 모든 자비하심으로 너희를 권하노니'입니다. 하나님의 자비하심을 근거로 우리 몸을 하나님 앞에 산 제물로 드리라고 요구합니다. 우리의 제사는 하나님의 모든 자비하심에 근거하고 있습니다.

적극적인 자비

신앙생활을 하는 데 있어 '자비' 문제만큼 어려운 것이 없습니다. 여기에는 두 가지가 있습니다. 적극적인 자비와 소극적인 자비입니다. 먼저 적극적인 자비에 대해 알아봅시다. 갈라디아서 6장 1절 이하를 봅시다.

형제들아 사람이 만일 무슨 범죄한 일이 드러나거든 신령한 너희는 온유한 심령으로 그러한 자를 바로잡고 너 자신을 살펴보아 너도 시험을 받을까 두려워하라 너희가 짐을 서로 지라 그리하여 그리스도의 법을 성취하라 (갈 6:1-2)

'짐을 서로 지라 그리하여 그리스도의 법을 성취하라'라는 말씀 앞에 사람이 만일 무슨 범죄한 일이 드러나거든 그러한 자를 바로잡으라는 말씀이 나옵니다. 여기서 '바로잡으라'는 말씀은 예를 들어 기계가 고장 났을 때 부품을 갈아 끼우듯 하라는 뜻이 아닙니다. 여기서 '바로잡다'라는 말은 고장 난 부분이 있다면 그것이 회복되도록 하라는 뜻입니다. 그래야 짐을 나눠 질 수 있습니다. 팔이 부러졌을 때 우리는 어떤 형편이 되는지 생각해 봅시다. 팔이 부러지면 깁스를 하는데, 팔을 붕대로 감아 목에 걸어 맵니다. 이것이 바로 짐을 나눠 지는 모습입니다. 팔이 할 일을 전부 대신하라는 뜻이 아닙니다.

우리 삶이 힘들지 않다면 고민해 봐야 합니다. 짐을 나눠 지지 않기 때문인지도 모릅니다. 우리 삶의 궁극적 목표는 거룩한 산 제물로 바쳐지는 것입니다. 우리에게 이런 삶이 요구됩니다. 이 길이 우리에게 유익하다고 합니다. 잘 갈 수 있다는 보장은 없지만 가는 만큼 유익입니다.

신앙생활에서 우리가 자비를 베풀어야 하는 것은 하나님이 우리에게 요구하셨기 때문이고, 예수 그리스도께서 그렇게 사셨기 때문입니다. 때로는 재미있고 보람되기에 타인에게 권하기도 합니다. 삶을 한번 돌아보십시오. 예수를 믿고 나서 쌓인 것이 무엇입니까? 타인을 제물로 삼아서 내 배를 불린 것은 아닌지 돌아보아야 합니다. 내가 제물이 되어서 이웃을 살린 일이 몇 번이나 있는지 돌아보십시오. 다른 사람을 내 목에 걸어 주고 있는지 생각해 보십시오. 목이 하는 일은 참 많은데 그중 가장 큰 임무는 무거운 머리를 버티고 있는 것입니다. 사실 이 임무만 하기도 힘듭니다. 하물며 남의 짐을 지는 일은 얼마나 힘들겠습니까. 매우 어려운 일입니다.

긍휼과 자비와 사랑은 그것을 필요로 하는 자를 위해 베풀어야 합니다. 자신을 기준으로 생각하고 도와주어서는 안 됩니다. 이 자세를 갖추어야 합니다. 성경은 이를 예수 그리스도의 생애를 들어 설명합니다. '우리는 죄인인데 우리가 죄로 인해 죽어 가게 되자 그분이 우리가 있는 자리까지 찾아오시더라'고 말입니다. 우리에게 필요한 자리까지 말입니다. 이것이 성경이 말하는 성육신입니다.

죄인 된 우리가 있는 곳까지 오셨습니다. 말구유에서 나시고 우리가 있는 자리까지 찾아오셔서 우리를 도우셨습니다. 그가 그렇게 찾아오시고 우리 죄를 위하여 십자가에 죽으심으로 우리에게 주신 이 구원, 이 복을 근거로 우리에게도 권하십니다.

도와줘 봤자 희망이 없을 것 같은 사람을 도와주십시오. 한 번 도와주고, 두 번 도와주고, 열두 번 도와줘도 밑 빠진 독에 물 붓는 격인 그런 사람을 도와주어야 합니다. 어느 날 그가 성공했을 때 '내가 그를 도와주어서 그가 이렇게 되었다'고 말할 생각으로 도와줘서는 안 됩니다. 이는 결국 자기만족이고 생색내기 위한 일일 뿐입니다.

소극적인 자비

다음으로 자비의 소극적인 면을 살펴봅시다. 신앙생활에서 어려운 일 중 하나가 무엇입니까? 보기 싫은 사람을 봐야 하는 것입니다. 여기가 자비가 필요한 또 하나의 자리입니다. 교회에서 생색내면서 일은 많이 하는데 괄시받는 사람을 보면 안타깝습니다. 그런 사람은 돈은 돈대로 내고도 돈 낸 만큼 대우를 못 받습니다. 모두가 그 사람만 보면 고개를 젓습니다. "저렇게 일할 바에야 나는 안 한다." 여기서 우리가 얼마나 시험에 들었는지 알 수 있습니다. 그 사람처럼은 봉사하고 싶지 않아서 정당하게 봉사할 일도 안 하고 맙니다. 봉사하고 생색낼 바에야 봉사를 안 하겠다고 하는 것입니다. 생색은 내지 말아야 하지만 봉사를 그만둬서는 안 됩니다. 할 일은 해야 합니다. 그런데 이런 소극적인 생각으로 우리가 어디까지 말려드는지 보십시오. 어떤 사람이 대표 기도를 하는데 30분 동안 합니다. 그러자 그것에 화가 난 다른 사람이 대표 기도를 할 때 "하나님, 감사합니다. 아멘"이라고만 하고 맙니다. 이것은 정당한 기도를 할 수 있는 기회를 스스로 차 버리는 것입니다. 이처럼 신앙생활에 자비만큼 어려운 부분이 없습니다. 우리가 잘하지 못하는 부분입니다.

더 나아가야 할 부분이지 반발해서는 안 될 부분입니다. 누군가의 잘못을 볼 때마다 그것을 나의 잘못으로 보십시오. 그리고 우리가 무엇을 위하여 부름받았는지를 깨닫고 봉사하는 자리까지 가야 합니다. 한 걸음 더 나아가서 생각해 봅시다. 우리의 생활을 보십시오. 세월이 흐를수록 재산은 누적됩니다. 그런데 시간이 흐를수록 식구는 단출해집니다. 우리가 죽을 날이 다가오지 않습니까? 죽는 날, 손에 한 푼도 안 남게 해야지 도대체 왜 남겨 둡니까? 그러니 신자들의 삶을 보고 하나님 앞으로 돌아오는 자가 없습니다. 사람들 앞에 예수를 드러내는 삶을 살아야 합니다. 가진 것 다 꺼내 주십시오. 할 수만 있다면 팔도 잘라 주십시오. 그래서 그의 심령이 하나님 앞에 돌아올 수만 있다면 그보다 더 큰일이 어디 있겠습니까?

하루아침에 그렇게 되라는 것이 아닙니다. 구체적으로 이런 지침을 드리고 싶습니다. 마음에 들지 않는 사람이 있을 때 우리는 대개 어떻게 합니까? 뒤에서 욕합니까? 앞에서 욕하는 것이 정직하다고 이야기하는 것은 말장난에 불과합니다. 앞에서 이야기하는 것은 무례하고 무식합니다. 뒤에서 욕하는 사람이 그나마 양심이 있고 상식이 있습니다.

그런데 욕을 먹은 쪽은 '치사하게 뒤에서 욕한다'고 합니다. 치사한 것이 아닙니다. 앞에서 욕하는 사람은 희망이 없는 사람입니다. 그나마 뒤에서 욕하는 사람에게서는 희망이 보입니다. 누구를 감당할 수 없거나 어떤 사건을 감당할 수 없을 때는 투덜거리는 수밖에 없습니다. 그 사람 앞에서 투덜거리지 말고 화장실이라도 들어가서 투덜거리고 나오십시오. 그래서 해결된다면 잘한 일입니다. 사람들에게 투덜거리기 시작하면 나중에는 그것을 감당하지 못할 뿐만 아니라 상대방도 동일한 수준으로 끌어들이게 됩니다. 그것이 많은 사람에게 전염되어서 다른 사람들도 감당하지 못하게 됩니다. 홀로 감당하십시오. 감당하기 위하여 숨어서 투덜거린다면 그것은 하나님이 하신 요구에 진일보한 것이라 할 수 있습니다.

내가 감당해야 하는 것

우리 인생은 정당한 상황을 만날 수 없는 인생입니다. 여기는 하늘나라가 아닙니다. 부딪치는 일이 다 사탄의 휘하에 있습니다. 우리도 도끼 들고 덤비고 싶은 심정입니다. 그러나 그럴 수 없지 않습니까. 그러니 뒤에서 이불 쓰고 투덜거릴 수밖에 없습니다. 거기에서 점점 더 지혜로운 방법이 찾아집니다. 꺼내 놓고 싸울 수 없고 상대에게 투덜거릴 수도 없다면 무엇을 할 수 있는지 빌립보서 2장에 기록되어 있습니다. 5절부터 봅시다.

너희 안에 이 마음을 품으라 곧 그리스도 예수의 마음이니 그는 근본 하나님의 본체시나 하나님과 동등됨을 취할 것으로 여기지 아니하시고 오히려 자기를 비워 종의 형체를 가지사 사람들과 같이 되셨고 사람의 모양으로 나타나사 자기를 낮추시고 죽기까지 복종하셨으니 곧 십자가에 죽으심이라 이러므로 하나님이 그를 지극히 높여 모든 이름 위에 뛰어난 이름을 주사 (빌 2:5-9)

지는 것 같아도 이것이 승리이며, 패배하는 것 같아도 이것이 우리의 영광이라고 성경은 선언합니다. 지고 사십시오. 손해 보고 사십시오. 희생하고 헌신하십시오. 하나님이 기뻐하십니다. 하나님이 영광을 받으십니다. 그런데 성경은 억지로 그렇게 사는 삶을 말하지 않습니다. 살다 보면 괴롭고 고통스러운 일이 많습니다. 얼른 죽는 것이 우리의 소원입니다. 그러나 살아 있는 것도 재미있습니다. 매일매일 할 일이 있고 보람과 감격이 있다는 사실에 신이 납니다. 하나님이 나를 통하여 역사하신다는 사실을 확인하는 것보다 더 감격스러운 삶은 없습니다.

지십시오. 상대방이 이를 드러내고 물면 물리십시오. 홀딱 물려 봤자 60년이고, 긁혀 봤자 긁힐 껍질도 얼마 없습니다. 이것이 우리가 가질 수 있는 배짱입니다. 고생해 봤자 앞으로 30년입니다. 그 이후에 영원한 나라가 나를 기다리고 있고 하나님이 주실 상급이 나를 기다리고 있습니다. 거기에는 눈물도 없고 슬픔도 없습니다. 거기서 주와 함께 평생토록 의와 거룩과 평강과 사랑 속에서 살 것입니다. 그에 비하면 고생하는 이 60년은 너무 짧습니다. 600년쯤 고생한다고 해도 불만 없다는 배짱을 가져야 합니다. 지고 사십시오. 뺏기고 사십시오. 그래서 그리스도의 법을 성취하는 삶을 살기 바랍니다.

질문하기

1. 로마서 12장 1절에서 우리 몸을 하나님 앞에 산 제물로 드리라고 요구하는 것은 무엇을 근거로 합니까?

2. 우리가 신앙생활에서 자비를 베풀어야 하는 이유는 무엇입니까?

3. 그리스도의 법을 성취하는 삶은 현실에서 어떻게 드러납니까?

나누기

최근에 지는 것 같고 물리는 것 같고 괴롭게 희생하는 것 같은 일이 있었다면 나누어 봅시다.

09

새 생명

> 4 그러므로 우리가 그의 죽으심과 합하여 세례를 받음으로 그와 함께 장사되었나니 이는 아버지의 영광으로 말미암아 그리스도를 죽은 자 가운데서 살리심과 같이 우리로 또한 새 생명 가운데서 행하게 하려 함이라 (롬 6:4)

신앙 성숙에 있어 '새 생명'을 신자가 갖는 생활 규범의 목표로 삼고자 합니다. 본문 말씀 로마서 6장 4절에 주께서 죽으심은 우리로 새 생명 가운데서 행하게 하려 함이라고 합니다. 새 생명 가운데 그냥 있게 두지 않고 '행하게' 하려 한다고 합니다. 우리가 행해야 할 일이 어떤 일인지 살펴봅시다.

새 생명 가운데
행함

성경을 읽을 때 신약은 그나마 이해가 되지만 구약은 이해가 쉽지 않습니다. 옛 언약을 구약, 새 언약을 신약이라고 합니다. 구약을 '율법'이라고 하고 신약을 '복음'이라고 합니다. 여기서 율법을 주신 이유를 생각해야 할 필요가 있습니다. 율법이란 구원을 얻게 하지 못하고 우리를 정죄하기 위한 것이라고 성경은 말씀합니다. 로마서 3장 19절 이하에서는 율법에 대해 이렇게 이야기합니다.

우리가 알거니와 무릇 율법이 말하는 바는 율법 아래에 있는 자들에게 말하는 것이니 이는 모든 입을 막고 온 세상으로 하나님의 심판 아래에 있게 하려 함이라 그러므로 율법의 행위로 그의 앞에 의롭다 하심을 얻을 육체가 없나니 율법으로는 죄를 깨달음이니라 이제는 율법 외에 하나님의 한 의가 나타났으니 율법과 선지자들에게 증거를 받은 것이라 곧 예수 그리스도를 믿음으로 말미암아 모든 믿는 자에게 미치는 하나님의 의니 차별이 없느니라 (롬 3:19-22)

우리는 율법으로 구원을 얻은 자들이 아닙니다. 예수 그리스도로 말미암아 구원을 얻었습니다. 그리스도께서 우리를 대신하여 죽으심으로 우리가 하나님의 자녀가 되었음을 믿고 고백합니다.

그렇다면 왜 율법이 우리에게 주어졌는가, 왜 율법이 우리를 정죄하는가를 알아야 합니다. 율법의 가치에 대해 오해하면 신앙생활에서 크게 빗나가기 때문입니다. 율법이란 일종의 약도와 같은 것입니다. 우리 교회에서 시청을 찾아가는 약도를 그리라고 하면 어떻게 그리겠습니까? 잠실에서 반포대교를 지나 용산을 거쳐 시청까지 가는 길을 그릴 것입니다. 누구든지 약도를 보면 목적지까지 찾아갈 수 있습니다. 율법을 따르면 구원에 이르는 것처럼 말입니다. 우리는 약도, 즉 율법으로 말미암아 하나님의 영광과 거룩의 자리까지 가도록 되어 있었습니다. 그러나 성경은 율법이 우리를 사망에 이르게 하는 것이 되었다고 합니다. 율법 자체가 우리를 사망에 이르게 한 것이 아니라 우리가 죄인이기 때문에 선한 율법이 우리에게 와서 좋지 않은 결과로 초래되었다는 것입니다. 로마서 7장 13절에서는 이렇게 설명합니다. "그런즉 선한 것이 내게 사망이 되었느냐 그럴 수 없느니라 오직 죄가 죄로 드러나기 위하여 선한 그것으로 말미암아 나를 죽게 만들었으니 이는 계명으로 말미암아 죄로 심히 죄 되게 하려 함이라."

율법과 능력

율법이 있는 이유는 죄로 죄 되게 하기 위해서라고 합니다. 율법은 선한 것입니다. 선한 것인데도 사망의 열매를 맺은 이유는 죄로 심히 죄 되게 하기 위해서입니다. 어떤 의미인지 예를 들어 보겠습니다. 우리가 벌판에서 방황하고 있는 사람을 보고 있다고 합시다. 그 사람은 분명한 목적지 없이 이리저리 방황합니다. 우리는 그가 왜 방황하는지 알 길이 없습니다. 우리가 그 사람에게 약도를 주면서 시청까지 오라는 명령을 줍니다. 그는 약도를 받아 들고 가겠다고 약속합니다. 그러고 나서도 계속 헤매고 있습니다. 그러면 우리는 '내가 약도를 잘못 그려 줬나?' 하고 생각하게 됩니다. 다시 보니 약도는 정확합니다. 나중에 살펴보니 그는 맹인이었습니다.

약도를 아무리 잘 그려 주어도 맹인은 볼 수가 없으니 약도가 소용없습니다. 약도가 주어지지 않았을 때는 산책이라도 하는 모양으로 보였습니다. 그런데 어디까지 오라고 요구했는데도 헤매고 있기에 살펴보았더니 맹인이더라는 이야기입니다. 여기서 죄로 심히 죄 되게 한다는 말씀의 의미를 생각해 볼 수 있습니다.

율법은 율법 자체로 있습니다. 율법은 정죄를 선언하는 것도 우리를 유혹하거나 넘어뜨리려는 것도 아닙니다. 그런데 약도를 정확하게 그려 주었더니, 즉 율법을 주었더니 우리가 맹인, 즉 죄인임이 폭로되었습니다. 율법을 줘 봤자 율법을 지킬 능력이 없는 것입니다. 약도를 아무리 잘 그려 주어도 볼 수가 없어서 목적지를 찾아가지 못합니다. 그래서 '율법의 행위로 그의 앞에 의롭다 하심을 얻을 육체가 없'다는 선언이 떨어졌습니다. 목적지에 도달하기 전에 우리에게 더 중요한 일이 생겼습니다. 약도를 보기 위해서는 먼저 눈을 떠야 합니다. 약도를 잘 그린 것으로 눈을 뜨게 할 수 있습니까? 그럴 수는 없습니다. 수술해서 눈을 뜨게 하는 수밖에 없습니다. 예수 그리스도는 우리의 눈을 뜨게 하려고 오셨습니다. 영적으로 죽어 하나님과 관계없는 이방인이 된 우리를 살아나게 하시고 새롭게 하여 하나님의 자녀로 만드시려고 오셨습니다. 예수 그리스도의 죽으심으로 말미암아 우리는 하나님의 자녀가 되었습니다. 비로소 눈을 뜬 것입니다.

그래서 이제 무엇을 합니까? 옛날에는 눈을 감고 헤매다가 이제는 눈을 뜨고 헤맵니까? 성경이 우리에게 묻습니다. "너는 새 생명을 얻었다. 눈을 떴다. 하나님이 누군지를 알고 인생이 무엇인지를 알고 네가 죄인이라는 사실을 알았다. 그러니 어떻게 살아야 하겠느냐?" 이렇게 질문해 옵니다.

약도를 받았던 때는 우리가 맹인이었기 때문에 그것을 둘둘 말아서 지팡이로 짚고 다녔습니다. 이는 이스라엘 백성이 행한 일과 같습니다. 다른 사람들보다는 조금 낫습니다. 지팡이가 된 약도 덕분에 계단에서 넘어지지 않고 구덩이에 빠지지 않습니다. 하지만 약도의 기능은 전혀 몰랐습니다. 율법이 무엇을 위하여 쓰이는지 몰랐습니다. 그래서 유대인이나 헬라인이나 우리나 동등하게 예수 그리스도의 은혜로 구원을 얻었다고 선언하는 것입니다.

눈을 떠 보니

눈을 떠서 하나님의 자녀가 된 지금이야말로 약도가 필요합니다. 하나님이 우리 생에 요구하시는 것이 무엇인지를 확인해야 합니다. 그분의 뜻이 무엇인지 그분의 방법이 무엇인지 드디어 볼 수 있게 되었기 때문입니다.

그런데 불행히도 많은 신자가 이를 제쳐 두고 누구 눈이 더 큰지를 비교하고 앉아 있습니다. 누구 시력이 더 좋은지 비교하면서 싸웁니다. 우리는 우리가 도착해야 할 자리까지, 하나님의 요구 사항인 율법을 따라 나아가야 하는 사람들입니다. 본문 말씀이 이를 요구합니다.

그러므로 우리가 그의 죽으심과 합하여 세례를 받음으로 그와 함께 장사되었나니 이는 아버지의 영광으로 말미암아 그리스도를 죽은 자 가운데서 살리심과 같이 우리로 또한 새 생명 가운데서 행하게 하려 함이라 (롬 6:4)

우리는 할 일이 태산같이 많은 사람들입니다. 눈을 뜬 것은 몹시 축하할 일이고 감격할 일입니다. 그런데 눈을 떠서 보니까 우리가 한심한 곳에 있습니다. 예수를 믿는 사람들이 가장 많이 하는 실망은 내가 예수를 알고 구주를 영접했는데도 안 믿는 사람들과 별다를 것이 없다는 데 있습니다. 그것이 바로 '여기에 있는 상태'입니다. 눈을 떴을 뿐 다른 맹인들보다 한 걸음도 더 나아가 있지 않습니다. 다만 눈을 떴기 때문에 가야 할 곳을 압니다. 그곳에 가야 합니다. 우리에게 그런 생활이 요구됩니다.

새 생명을 얻었습니까? 감격하십시오. 감사하십시오. 동시에 두려워 떨어야 합니다. 명령받은 길로 가야 합니다. 성경이 요구하는 것을 따라 살아야 합니다. '주 너희 하나님을 사랑하라. 네 이웃을 네 자신과 같이 사랑하라'는 말씀을 다 이루어야 합니다. '네 이웃에 대하여 미련한 자라고 욕하지 말라. 내가 너희를 사랑한 것같이 너희도 서로 사랑하라'고 성경이 요구합니다. 주께서 우리를 사랑한 것같이, 그분이 우리를 위하여 십자가에 달려 죽으신 것같이 우리도 이웃을 사랑하도록 부름받았습니다. 그것이 새 생명 가운데서 우리에게 요구되는 신앙 성숙의 근본적 실천입니다.

우리는 그리스도의 죽음과 그 죽음으로 말미암아 얻게 된 것이 무엇인지 아는 자리로 초대받았습니다. 우리는 거듭난 자이며 새 생명을 소유한 자입니다. 지금이라도 죽으면 천국에서 만날 사람들입니다. 하나님이 우리에게 새 생명을 주신 것은, 살아 있는 동안 하나님 앞에 우리 삶을 바치라는 의미입니다. 이를 깨달아야 합니다. 기뻐하고 감격할 일만 있지 않습니다. 주를 좇아 자기를 부인하고 자기 십자가를 지고 걸으라고 우리에게 새 생명을 주신 것입니다. 기뻐하는 것으로 끝내지 마십시오. 헌신으로 끝내십시오. 감격하는 것으로 끝내지 마십시오. 결심에 이르십시오. 주의 죽으심에 감격한 모든 심령이 이 복된 결심을 하고 살아가기를 바랍니다.

질문하기

1. 율법은 무엇과 같습니까?

2. 약도가 필요한 때는 언제입니까?

3. 눈을 뜬 지금도 우리에게 율법이라는 약도가 필요한 이유는 무엇입니까?

나누기

율법을 따라 사는 삶이 복되다고 느꼈던 경험에 대해 나누어 봅시다.

10

신자의 삶

──────── 22 여호수아가 그 땅을 정탐한 두 사람에게 이르되 그 기생의 집에 들어가서 너희가 그 여인에게 맹세한 대로 그와 그에게 속한 모든 것을 이끌어 내라 하매 23 정탐한 젊은이들이 들어가서 라합과 그의 부모와 그의 형제와 그에게 속한 모든 것을 이끌어 내고 또 그의 친족도 다 이끌어 내어 그들을 이스라엘의 진영 밖에 두고 24 무리가 그 성과 그 가운데에 있는 모든 것을 불로 사르고 은금과 동철 기구는 여호와의 집 곳간에 두었더라 25 여호수아가 기생 라합과 그의 아버지의 가족과 그에게 속한 모든 것을 살렸으므로 그가 오늘까지 이스라엘 중에 거주하였으니 이는 여호수아가 여리고를 정탐하려고 보낸 사자들을 숨겼음

이었더라 (수 6:22-25)

본문 말씀 25절을 다시 봅시다. '여호수아가 기생 라합과 그의 아버지의 가족과 그에게 속한 모든 것을 살렸으므로 그가 오늘까지 이스라엘 중에 거주하였으니.' 그가 오늘까지 이스라엘 중에 거주하였다는 말씀을 기억해 두고 여호수아 2장 8절부터 10절을 봅시다.

또 그들이 눕기 전에 라합이 지붕에 올라가서 그들에게 이르러 말하되 여호와께서 이 땅을 너희에게 주신 줄을 내가 아노라 우리가 너희를 심히 두려워하고 이 땅 주민들이 다 너희 앞에서 간담이 녹나니 이는 너희가 애굽에서 나올 때에 여호와께서 너희 앞에서 홍해 물을 마르게 하신 일과 너희가 요단 저쪽에 있는 아모리 사람의 두 왕 시혼과 옥에게 행한 일 곧 그들을 전멸시킨 일을 우리가 들었음이니라 (수 2:8-10)

두 정탐꾼이 라합에게 이렇게 이야기합니다. "우리가 이 땅에 들어올 때에 우리를 달아 내린 창문에 이 붉은 줄을 매고 네 부모와 형제와 네 아버지의 가족을 다 네 집에 모으라"(수 2:18). 21절도 봅시다. '라합이 이르되 너희의 말대로 할 것이라'라고 해서 본문 말씀을 보면, 이스라엘이 가나안 땅에 입성했을 때 라합과 그의 친족들을 모두 살려 주었다는 내용이 나옵니다.

책임과 성숙

본문 말씀을 선택한 이유와 그 내용에 대해 나누고자 합니다. 기독교인으로서 성숙한 신앙생활을 하자는 말을 강조하다 보니 중요한 핵심을 간과한 채, 이쪽으로만 너무 치우칠까 봐 걱정되어 이 말씀을 택했습니다. 예수를 믿고 나서 하나님의 자녀답게 사는 것이 하나님에게 보답하는 것이라고 생각한다면 아직도 성숙의 의미를 잘 모른다고 할 수 있습니다. 신자가 성숙해야 하는 것은 의무이기 때문이 아니라, 의무감을 뛰어넘어 그렇게 사는 것이 기쁨이고 자랑이고 '하고 싶은 일'이기에 그렇게 사는 것입니다.

공부의 필요성은 하면 할수록 느낍니다. 학창 시절에는 공부를 하고 싶어서 하는 사람이 별로 없지만 나이가 들어서 공부를 한다면 공부가 정말 재미있거나 필요해서 하는 것입니다. 학생 때 단지 책임을 다하거나 효도하기 위해서 공부한다면 공부의 맛을 모르는 것입니다. 물론 그렇게 사는 것은 책임이지만 책임을 뛰어넘어 그 일을 한다면 그것은 기쁨일 것입니다. 그 자체가 즐겁습니다. 이런 것이 성숙입니다.

라합 사건을 보면서 기억할 것은 성경에서 라합은 '기생 라합'으로 기록되어 있다는 점입니다. 기생 라합이 구원을 얻어 라합과 그의 아버지의 가족과 그에게 속한 모든 사람이 살게 됩니다. 23절을 보면 정탐꾼들이 들어가서 라합과 그 부모와 그 형제와 그에게 속한 모든 것을 이끌어 내고 그 친족도 다 이끌어 냅니다.

라합이 롯보다도 낫습니다. 소돔과 고모라성을 멸하려 할 때 하나님의 사자들이 와서 롯에게 권면했습니다. 그때 롯이 사위들에게 가서 권면했지만 그들은 롯의 말을 듣지 않아서 그의 식구 중 롯을 포함해 세 명밖에 살아남지 못했습니다. 롯의 아내도 죽고 말았습니다. 롯과 두 딸밖에 살아남지 못했고 재물도 건지지 못했습니다. 롯에 비해 라합은 오히려 준비되어 있지 않은 사람입니다. 그런데 라합은 아버지와 형제와 그에게 속한 친족들까지 다 살려 냅니다. 라합이 구원을 얻는 자리는 우리가 구원을 얻는 자리와 너무나도 비슷해서 감동을 줍니다.

성경에서 멸망당할 운명에 처한 사람을 가리키는 단어는 '죄인'입니다. 이에 대한 표현으로 성경은 우리를 본질상 진노의 자녀, 저주받은 자들이라고 합니다. 그래서 라합의 구원은 우리의 구원과 비슷합니다. 우리는 다 그렇게 구원을 얻었습니다.

구원 얻은 이후를 위해

그런데 성경이 라합을 통해서 하는 말씀은 구원 얻은 것이 끝이 아니라, 그가 오늘까지 이스라엘 중에 거주하였다는 이야기입니다. 구원을 얻은 '이후'를 위해 구원을 얻은 것입니다. 즉 구원 자체를 위해서 구원을 얻지 않습니다. 항복하면 항복하기 전보다 나은 미래가 있기 때문에 항복하는 것입니다.

예수를 믿고 구원을 얻은 이후의 생애가 이전과 다르기 때문에 결단하고 문턱을 넘어선 것 아닙니까. 그런데도 우리는 여전히 문턱에 앉아 있습니다. 모두 철로 변에 앉아서 하나님이 6·25 때 나를 어떻게 도와주셨는지를 이야기하고 자갈로 공기놀이나 하고 있습니다. 넘어선 그다음 삶의 내용이 없습니다.

자랑하는 것이라고는 내가 어떻게 구원을 얻었는가, 그때 내가 얼마나 몹쓸 죄인이었는가, 예수 그리스도께서 나에게 어떻게 은총을 베푸셨는가 하는 이야기뿐입니다. 그래서 지금은 무엇을 하고 있는지에 대해 할 말이 없다면, 하나님이 우리에게 베푸시고 약속하시고 손에 쥐어 주신 구원 즉 우리가 걸어가야 할 길인 신앙의 성숙을 누리지 못하고 있는 것입니다.

마태복음 1장 5절입니다. '살몬은 라합에게서 보아스를 낳고 보아스는 룻에게서 오벳을 낳고.' 여기 보면 오벳의 아버지는 보아스인데, 보아스의 아버지는 살몬이고 살몬의 부인이 라합입니다. 보아스의 어머니가 라합입니다. 그러면 라합은 오벳의 친할머니가 됩니다. 나오미가 친손자도 외손자도 아닌 아이를 안고 기뻐했다면 라합은 얼마나 더 행복한 말년을 보냈겠습니까. 이렇게 빗대어서 표현할 수 있습니다. '나오미는 자기 혈통도 아닌 손자를 안고 말년을 기쁘게 보내는 것으로 이웃 사람들이 그를 부러워했다. 라합의 경우는 말로 표현 못할 정도이다.'

이스라엘에서 지주는 부자를 상징합니다. 지주들은 땅을 가문

별로 나눠 가졌습니다. 땅을 나눠 가진 가문은 그 지위에 따라 선조가 물려준 땅덩어리만큼 후손에게 물려주어야 했고 땅을 사고팔지 못하도록 되어 있었습니다. 그래서 이스라엘 백성 가운데 어떤 사람이 부자라고 하면, 그 선조부터 부자였다는 뜻입니다. 보아스는 거부였습니다. 보아스가 부자라는 것은 살몬이 부자였다는 이야기입니다. 라합이 부자 살몬과 결혼한 것입니다. 라합이 부자 가문에 시집을 간 이야기가 성경에 왜 나오는지 주의해서 보아야 합니다.

저주받을 땅에 살던 이방 여인이 이스라엘 정탐꾼들을 감춰 준 일로 하나님의 자녀가 되었습니다. 그런데 그것으로 끝이 아닙니다. 그 일은 그다음 인생의 출발에 불과한 것이고 하나의 전환점이 된 사건에 불과합니다. '내가 옛날에는 기생이었는데 하나님을 믿고 그분의 백성 가운데 들어가기로 결심하여 새로운 삶을 얻었다'는 이야기는 훗날 왕좌에 앉아서 할 때 가치가 있는 것입니다.

하나님은 모든 신자에게 이 복을 누리게 하십니다. 우리는 예수 그리스도 안에 사는 자들이며 그리스도 예수의 이름으로 무엇이든지 구하도록 허락받은 사람들입니다. 우리의 머리털까지 다 세시는 하나님이 우리 아버지로서 오늘도 우리를 지키십니다. '눈동자 같이' 지키신다고 합니다.

우리의 자랑

우리의 자랑은 무엇입니까? 혹시 라합 이야기를 이렇게 사용하지는 않습니까? 붉은 줄을 걸어 두면 그 집은 건드리지 않겠다고 했으니까 라합이 타잔이 되어서 여리고성 이쪽에서 저쪽으로 왔다갔다 하며 산다고 말입니다. 사실 타잔만큼 불쌍한 사람도 없습니다. 타잔은 늘 팬티 바람입니다. 예수 믿는 사람들이 그렇게 보입니다. 구원의 줄 하나만을 붙잡고 '야호!' 하고 있습니다. '나는 그리스도 예수를 믿어서 구원을 얻었습니다'라는 내용이 전부입니다. 그 이야기밖에 없고 그 후의 이야기는 없습니다. 온통 그때 구원 얻은 이야기뿐입니다. 지금 올라와 앉아 있는 보좌에 대한 내용이 없습니다. 이 보좌를 '성숙'이라고 합니다.

성경에서 라합 이야기를 할 때 '기생'이라는 단어가 나옵니다. 히브리서 11장에도 '기생 라합'이라고 나와 있습니다. 그런데 기생이라는 명칭이 붙어 있지 않은 성경이 있습니다. 위에서 살펴본 마태복음 1장입니다. '살몬은 라합에게서 보아스를 낳고 보아스는 룻에게서 오벳을 낳고 오벳은 이새를 낳고 이새는 다윗 왕을 낳으니라'(마 1:5-6). 왕의 족보 속에 어떻게 기생이라는 단어를 넣겠습니까. '너희가 어디서 출발했든지 그것은 단지 출발에 불과하다'라는 말씀입니다. 이것이 오늘 우리의 자랑입니다.

왕의 자리에 앉아 과거를 돌이켜 보는 관점이라면 과거에 기생이었으면 어떻고, 천민이었으면 어떻고, 저주받은 생애면 어떻습니까. 내가 지금 여기에 와 있다면 말입니다. 그러나 내가 앉은 자리가 왕의 족보에 속한 자리도 아니고 또한 그 자리를 누릴 수 없다면 구원 얻었다는 이야기를 하루 종일 되뇌도 감동이 없고 자랑스럽지 않을 것입니다. 이것이 중요합니다.

신앙적으로 성숙하라는 말씀은 하나님이 우리에게 요구하시는 일을 의무감으로 하라는 의미가 아닙니다. 그 자체가 우리의 자랑입니다. 내가 누릴 생애이며 삶으로 소유해야 하는 것들입니다. 성경이 요구하는 대로 살아 보십시오. 이웃을 사랑하라고 하면 사랑해 보십시오. 그것이 우리에게 주는 넘쳐 나는 기쁨을 누리게 될 것입니다. 우리가 하나님 앞에서 거저 받은 것들을 다른 이들에게 거저 주십시오. 마치 예수 그리스도께서 우리의 생명을 위하여 그의 생명을 주신 것같이 사는 동안에 가진 것을 더 많이 주는 사람이 성숙한 신자라고 할 수 있습니다.

우리 생애가 그렇게 나아가기를 결심해야 합니다. 그렇게 되면 스스로 '가진 자'임을 알게 되고 '넘치는 자'임을 알게 됩니다. 하나님이 약속하신 모든 말씀이 내 것임을 알게 됩니다. 그것을 누리는 기쁨이 있습니다. 내 생명은 하나님의 일을 위해 쓰도록 주어졌습니다.

하나님이 오늘 나에게 맡긴 시간입니다. 왜 그것을 쓰지 않고 움켜쥐고만 있습니까? 하나님이 맡기신 것입니다. 써 보십시오. 인생도 그렇게 살아 보십시오. 하나님 앞에 맡겨진 생애임을 알고 살아 보십시오. 그 삶이 우리를 풍족하게 할 것입니다. 신자의 신앙생활 중 가장 애끊고, 안돼 보이고, 무력해 보이고, 바보 같은 때가 생각 없이 정지해 있는 시간입니다.

　신자답게 사십시오. 그렇게 살기 위하여 구원 얻었습니다. 그렇게 살기 위하여 믿는다고 결심한 것입니다. 왜 그 명령과 약속을 따라 생애를 설계하지 않습니까? 왜 발을 내딛지 않습니까? 모두 앉아만 있습니다. 세속적으로 살려면 무엇 때문에 교회에 나옵니까? 교회에 나가겠다는 결심은 영적으로 살겠다는 선언입니다. 그렇게 살아야 합니다. 그때 모든 승리의 찬송이 우리의 것이 되는 감격과 기적을 경험할 것입니다. 예수 그리스도께서 하신 모든 약속이 지금도 이루어지고 있음을 알게 될 것입니다. 그 일로 우리가 부름받았고 우리 스스로도 우리의 발걸음을 옮겼다는 사실을 잊지 마십시오. 부름받은 삶, 나의 복과 영광을 위해서도 놓치지 말아야 할 하나님의 자녀로서의 삶을 이제부터라도 누리기를 권합니다.

질문하기

1. 신자가 성숙하게 사는 것은 의무감을 뛰어넘어 무엇입니까?

2. 성경은 우리가 무엇을 위해 구원을 얻은 것이라고 말합니까?

3. 성숙한 삶으로 나아가기를 결심하면 우리는 무엇을 알게 됩니까?

나누기

내가 구원 이후 걸어온 성숙의 삶은 어떤 것이었는지 나누어 봅시다.

11

신자의 성숙

20 오직 너희는 그리스도를 그같이 배우지 아니하였느니라 21 진리가 예수 안에 있는 것 같이 너희가 참으로 그에게서 듣고 또한 그 안에서 가르침을 받았을진대 22 너희는 유혹의 욕심을 따라 썩어져 가는 구습을 따르는 옛 사람을 벗어 버리고 23 오직 너희의 심령이 새롭게 되어 24 하나님을 따라 의와 진리의 거룩함으로 지으심을 받은 새 사람을 입으라 (엡 4:20-24)

신앙생활의 성숙에 대해 많은 내용을 나누었습니다. 예수를 믿으면 하나님의 자녀가 되고 새 생명을 얻으므로 당장 죽어도 천국에 갑니다. 우리는 분명히 천국에 가서 살도록 약속되어 있는데,

하나님이 당장 데려가지는 않으십니다. 이 부분에서 우리는 많은 갈등을 겪게 됩니다.

  죽기 5분 전에 하나님이 찾아오시면 좋을 텐데 어렸을 때 찾아오셔서는 한참 동안 천국에 데려가지 않으십니다. 그렇다고 잘 먹고 잘 살게 해 주지도 않으십니다. 자녀는 시험에 떨어지고 김장을 끝내 놓으면 날이 따뜻해집니다. 어떻게 해야 할지 모르겠습니다. 예수를 믿은 보람이 없는 것 같습니다. 수많은 방황을 합니다. 이 문제를 어떻게 대해야 하는지에 대해 지금까지 살펴보았습니다.

우리의 신분

하나님은 우리가 출생한 때부터 이미 우리에게 생명을 주시고 우리의 신분을 결정해 주셨습니다. 우리가 그 신분에 걸맞게 얼마큼 완성되는지는 출생 이후의 문제입니다. 세상에서는 태어나면 가문과 부모의 지위에 따라 자녀의 지위가 결정되곤 합니다. 그렇지만 그가 어떤 사람이 되는지는 다른 문제입니다.

  이 문제에 대해 지금까지 생각해 보았습니다. 본문 말씀에서 가장 중요한 내용은 24절에 있습니다. "하나님을 따라 의와 진리의 거룩함으로 지으심을 받은 새 사람을 입으라." 우리에게 새 생명을 만들라는 것이 아닙니다. 새 생명은 스스로 가질 수 없습니다. 스스로 출생하는 사람은 없습니다. 출생될 뿐입니다. 출생된 자로서 자라야 하는 문제가 있는 것입니다. 이 자라나는 문제가 늘 어려운 이유에 대해 생각해 보려고 합니다.

　신앙 성장을 방해하는 것은 무엇입니까? 우리는 잘하고 싶은데 그렇게 될 수 없는 현실이 바로 우리의 신앙 성장을 방해합니다. 누구나 하나님 말씀대로 살고 싶어 합니다. 그러나 그렇게 되지 않음을 고백합니다. 왜 안되는 줄 아십니까? 할 줄 몰라서 안되는 것이 아닙니다. 하면 좋은 줄 몰라서 안되는 것도 아닙니다. 문제는 우리에게 열정이 없다는 것인데, 그렇다고 열정을 일으키자는 것이 답은 아닙니다. 여기가 미묘한 지점입니다.

　감정에 관한 문제가 아니라 생각에 관한 문제이며 책임에 관한 문제입니다. 신앙의 본질이 무엇이라고 생각합니까? 우리는 '믿음' 하면, 저 깊은 곳에서부터 솟구쳐 올라오는 용암 같은 것이라고 생각하곤 합니다. 하나님 뜻대로 살고 싶은 욕망이 저 깊은 곳에서부터 끓어 올라오는 것이라고 생각하지만 사실은 그런 것이 아닙니다. 그럴 수 있는 사람은 하나님의 아들, 예수님 외에는 없습니다. 아무도 그러지 못했습니다. 신앙이란 나도 모르게 속에서부터 생겨나는 신비한 힘이 아닙니다. '생각하는 것'입니다. 마태복음 6장 26절부터 봅시다.

'하물며'

공중의 새를 보라 심지도 않고 거두지도 않고 창고에 모아들이지도 아니하되 너희 하늘 아버지께서 기르시나니 너희는 이것들보다 귀하지 아니하냐 너희 중에 누가 염려함으로 그 키를 한 자라도 더할 수 있겠느냐 또 너희가 어찌 의복을 위하여 염려하느냐 들의 백합화가 어떻게 자라는가 생각하여 보라 수고도 아니하고 길쌈도 아니하느니라 그러나 내가 너희에게 말하노니 솔로몬의 모든 영광으로도 입은 것이 이 꽃 하나만 같지 못하였느니라 오늘 있다가 내일 아궁이에 던져지는 들풀도 하나님이 이렇게 입히시거든 하물며 너희일까보냐 믿음이 작은 자들아 (마 6:26-30)

여기서 가장 중요하게 생각해 볼 단어는 '하물며'입니다. 우리는 성경을 읽을 때, 인격자가 인격자를 향하여 하는 말씀이라는 생각을 놓치기 쉽습니다. 성경은 명령서가 아닙니다. 난수표도 아닙니다. 여기 있는 말씀대로 살라는 정도의 글도 아닙니다. 그 이상의 글입니다.

  성경은 한 말씀, 한 말씀이 인격자가 인격자를 향하여 하는 말이라는 것을 염두에 두고 읽어야 합니다. 성경은 인격성에 바탕을 둔 논리로 가득 차 있습니다. '공중의 새'를 들먹이며, '들의 백합화'를 들먹이는 것은 '하물며 너희일까 보냐'라는 말을 하기 위해서입니다. 앞에 있는 이야기를 들먹인 것은 뒷부분 때문입니다. '믿음이 작은 자들아' 하며 꾸중하고 있습니다. 믿음이란 생각하는 것입니다. "공중의 새를 보라. 그가 보험을 들었느냐. 창고가 있느냐. 투자한 땅이 있느냐. 그러나 하나님이 먹이신다."

26절에서 중요한 대목은 '너희 하늘 아버지께서 기르시나니'입니다. 참새에게는 하나님이 아버지가 아닙니다. 우리에게만 아버지입니다. "너희 하늘 아버지께서 참새도 기르시는데, 너희에게는 아버지가 아니냐?" 그래서 '하물며'라는 말이 나옵니다.

믿음이란 깊은 곳에서부터 탄산수가 끓어오르듯이 올라오는 감동이 아닙니다. 생각해 보는 것입니다. 신앙은 확률 싸움이 아닙니다. 도박은 요행수를 바라고 희박한 확률로 싸우는 것입니다. 하나님은 그렇게 일하지 않으십니다. 신앙은 이렇게 말하는 것입니다. "해가 서쪽에서 뜨는 한이 있어도 예수님은 그럴 리가 없어." 이것이 신앙입니다. '천지는 없어지겠으나 그의 말씀은 없어지지 아니하리라.' 신앙은 저 밑에서 올라오는 온천수 같은 것이 아니라 생각하는 것입니다. 생각의 기준은 하나님이 하신 약속에 있습니다. 여기서부터 우리의 신앙은 헷갈리게 됩니다.

"믿음으로 삽시다"라는 이야기를 할 때에도 모두가 그런 욕망과 열심이 없기 때문에 발자국을 내딛지 않습니다. 생각하는 훈련을 하지 않기 때문입니다. 우리가 믿고 의지하는 것이 무엇입니까? 우리는 하나님 아버지가 천지 만물을 창조하시고 인간의 생사화복을 주장하신다고 고백합니다. 그런데 고백한 대로 살지는 않습니다. 보이는 것 외에는 생각할 줄 모르기 때문입니다.

행동하는 신앙

우리가 하나님의 계획과 요구에 순종해야 하는 종이라는 것을 분명히 알아야 합니다. 이것이 신앙 성장에 있어서 출발점입니다. 에베소서 4장 1절을 봅시다. "그러므로 주 안에서 갇힌 내가 너희를 권하노니 너희가 부르심을 받은 일에 합당하게 행하여."

생각만 하지 말고 행하십시오. 행하기 위해서 생각하십시오. 우리가 예수를 믿고 이 길에 들어온 것은 마음에 감동과 기쁨이 있기 때문입니다. 이것이 바로 하나님이 우리에게 수놓아 주신 아름다움입니다. 그러니 행해야 합니다. 11절 이하에서는 이렇게 말씀합니다.

그가 어떤 사람은 사도로, 어떤 사람은 선지자로, 어떤 사람은 복음 전하는 자로, 어떤 사람은 목사와 교사로 삼으셨으니 이는 성도를 온전하게 하여 봉사의 일을 하게 하며 그리스도의 몸을 세우려 하심이라 우리가 다 하나님의 아들을 믿는 것과 아는 일에 하나가 되어 온전한 사람을 이루어 그리스도의 장성한 분량이 충만한 데까지 이르리니 (엡 4:11-13)

온전한 사람을 이룬다는 말은, 그 일에 꼭 맞는 사람으로 만든다는 뜻입니다. 잘 생각해 보아야 합니다. 내 인생을 내가 계획한 대로 살기를 하나님에게 요구하는지, 아니면 하나님이 나에게 요구하신 길을 가는 데 꼭 맞는 사람이 되기를 기도하는지, 둘 중 하나입니다.

하나님에 대하여 어떤 점을 가장 많이 알고 있습니까? 맹인을 고치신 하나님, 나병을 고치신 하나님으로만 알고 있지는 않습니까? 우리는 하나님이 무엇을 위하여 우리를 부르셨는지 잘 모릅니다. 그는 선하시고 자비로우시고 오래 참으시며 나를 지극히 사랑하셔서, 나를 통하여 그의 일을 이루고 싶어 하신다는 점에 대해서도 모릅니다. 그가 아들을 보내면서까지 우리를 구원하시는 분이라는 대목에 대해서는 관심이 별로 없습니다. 그 목적을 이루기 위해 당신의 아들의 생명을 버리는 대가까지 치르신 그분의 열심에 대해서 우리는 너무 모릅니다.

예수님은 하나님의 뜻을 완전히 이루신 분입니다. 우리는 예수 그리스도의 죽으심으로 말미암아 구원 얻은 백성이라고 선포된 사람들입니다. 그런데도 그분이 지금 하나님 우편에 앉아 계시다는 사실에 대해서는 관심이 별로 없습니다. 그분의 죽으심으로 우리가 천국을 얻었다는 것이 구원의 전부가 아닙니다. 구원 얻은 모든 사람은 하나님 앞에서 살아야 합니다. '하나님의 눈앞에서 평가받을 것이다. 예수 그리스도의 죽음은 우리에게 구원을 얻게 하는 죽음이었으며, 하나님 앞에서 최고로 평가받는 삶이었다.' 이것이 성경의 선언입니다.

예수님이 경멸과 오해와 수치와 고통 속에서 죽으신 것은 하나님 앞에서 가장 칭찬받은 일이었습니다. 하나님은 그를 지극히 높여 하나님 우편에 앉히셨습니다. 우리는 이 대목을 잘 기억하지 않습니다. '예수 그리스도의 죽음을 믿습니다. 그래서 오늘 저는 하나님의 자녀입니다. 지금 죽어도 괜찮습니다'라고 생각합니까? 하지만 우리 삶은 전혀 늠름하지 않습니다. 우리의 삶이 어때야 하는지 모르고 있습니다. 예수 그리스도의 죽음으로 부름받았습니까? 그렇다면 그가 하나님의 보좌 우편에 앉아 계시다는 선언에 대하여 새삼스럽게 놀라야 합니다.

사도 바울의 고백이 여기서 빛을 발합니다. "내가 내 몸을 쳐 복종하게 함은 내가 남에게 전파한 후에 자신이 도리어 버림을 당할까 두려워함이로다"(고전 9:27). 그가 자기를 쳐서 복종하게 할 수 있는 것은 자기가 하고 싶은 일을 하기 때문이 아니라 하나님이 맡기신 일을 하기 때문이라고 합니다.

신앙생활을 열심과 환상 속에 빠지는 것이라고 생각하지 마십시오. 공중의 새를 보고 생각하십시오. 들의 백합화를 보고 생각하십시오. 우리는 삶이 내 것이 아니라는 사실을 알고 하나님이 나를 만드셨음을 알아야 합니다. 그래서 권합니다. 어떻게 살아야 하는지 생각하십시오. 그리고 자기를 쳐 복종하십시오. 마음에서 온천수가 나오기까지, 용암이 분출되기까지 기다린다는 것은 말도 안 되는 핑계입니다. 내가 누구인지, 어떻게 살아야 하는지 생각하고 당연히 해야 할 신앙 고백으로 무릎 꿇는 복된 결심이 서기를 바랍니다.

질문하기

1. 출생된 우리에게는 무엇이 문제로 주어집니까?

2. 신앙이란 나도 모르게 속에서부터 생겨나는 신비한 힘이 아니라 무엇입니까?

3. 구원을 얻었다는 것이 끝이 아니면 무엇이 남습니까?

나누기

나는 지금 '생각하는' 신앙생활을 하고 있는지 점검해 봅시다.

질문과 답

01 • 수준 확인

1. 이사야 42장 3절은 살인하지 말라는 요구를 받은 우리가 실은 어떤 처지에 있는 자들이라고 가르칩니까?

— '상한 갈대, 꺼져 가는 등불'. (11쪽)

2. 우리에게 어떤 갈등이 있어야 합니까?

— 하나님이 나에게 약속하시고 선언하신 목적지와 그것을 이룰 수 없는 나의 상태가 너무도 이율배반적이어서 느끼는 갈등. (12쪽)

3. 예수를 믿는다는 것의 의미는 무엇입니까?

— 하나님이 우리에게 약속하신 하나님의 능력과 방법에 삶을 맡기는 것. (14쪽)

02 • 자의식

1. 예수 믿는 사람은 무엇 때문에 좌절합니까?

— 믿는 사람답지 않다는 생각 때문. (17쪽)

2. 우리가 누리는 권리와 복은 우리의 수준 때문이 아니라 무엇 때문입니까?

— 우리의 신분. (21쪽)

3. 신앙 여정에서 우리가 모자라다고 여기는 부분은 우리를 어디로 이끌어 갑니까?

— 분발. (22쪽)

03 • 첫 할 일

1. 우리 신앙의 성장을 방해하는 지점은 어디입니까?

— 성경의 위인들이 남달랐을 것이라는 생각. (28쪽)

2. 우리가 하나님의 자녀가 되었다는 사실은 어떤 뜻입니까?

— 하나님을 주인으로 섬기는 자가 되었다는 뜻. (32쪽)

3. 신자가 자기 인생을 점검할 때 해야 할 질문은 무엇입니까?

— '하나님이 우리 인생을 어떻게 사용하고 싶으신가, 그 일을 위해 어떻게 살아야 하는가?' (33쪽)

04 · 영적 싸움

1. 다윗과 골리앗 사건은 왜 일어났습니까?
— 이스라엘이 가드를 남겨 놓았기 때문. (38쪽)

2. 이스라엘과 달리 다윗은 골리앗이라는 문제를 어떻게 풉니까?
— 하나님을 의지해서. (40쪽)

3. 우리의 싸움은 어디에서 시작됩니까?
— 하나님이 우리에게 요구하시는 영적 순종. (43, 44쪽)

05 · 신자의 승리

1. 승리라는 말은 어떻게 오해됩니까?
— 상대보다 더 큰 힘을 가지는 것. (47쪽)

2. 신앙생활에서 전투란 '이길 수 있는 힘을 얻어 내는 싸움'이 아니라 어떤 싸움입니까?
— '이길 싸움'. (50쪽)

3. 하나님이 싸우라고 명하신 싸움은 무엇입니까?

— 마음과 목숨과 뜻을 다하여 하나님을 사랑하는 것. (52쪽)

06 • 신자의 적극성

1. 모든 것이 합력하여 선을 이룬다는 말씀은 어떤 뜻입니까?

— 사건 자체가 복이 아니라 사건이 갖는 의미가 복이라는 뜻. (56쪽)

2. 하나님이 우리에게 맡기신 일은 종교 행위가 아니라 무엇입니까?

— 믿지 않는 사람들과 다를 바 없는 인생을 다르게 사는 것. (61쪽)

3. 성령을 따라 사는 사람은 어떻게 확인할 수 있습니까?

— 우리가 하는 일로 어떤 열매가 맺히는지 보고. (63쪽)

07 • 신자의 능력

1. 사람들이 말하는 능력의 의미는 무엇입니까?

— 자존심과 이익을 채워 줄 수 있는 힘. (66쪽)

2. 바울이 광주리를 타고 도망간 기록은 어떤 의미를 지닙니까?

— 복음을 위하여 자기는 밟혀도 좋다는 걸 증명하는 것. (69쪽)

3. 우리의 삶으로, 인생으로, 존재로 드러내야 하는 진리는 무엇입니까?

— '사나 죽으나 주의 것'이라는 진리. (72쪽)

08 • 신자의 자비

1. 로마서 12장 1절에서 우리 몸을 하나님 앞에 산 제물로 드리라고 요구하는 것은 무엇을 근거로 합니까?

— 하나님의 자비하심. (74쪽)

2. 우리가 신앙생활에서 자비를 베풀어야 하는 이유는 무엇입니까?

— 하나님이 우리에게 요구하셨기 때문이고, 예수 그리스도께서 그렇게 사셨기 때문. (76쪽)

3. 그리스도의 법을 성취하는 삶은 현실에서 어떻게 드러납니까?

— 지고 뺏기는 삶에서 배짱을 잃지 않음으로. (81쪽)

09 • 새 생명

1. 율법은 무엇과 같습니까?

— 약도. (85쪽)

2. 약도가 필요한 때는 언제입니까?

— 눈을 떠서 하나님의 자녀가 된 때. (88쪽)

3. 눈을 뜬 지금도 우리에게 율법이라는 약도가 필요한 이유는 무엇입니까?

— 하나님이 우리 생에 요구하시는 것이 무엇인지를 확인해야 하기 때문. (88쪽)

10 • 신자의 삶

1. 신자가 성숙하게 사는 것은 의무감을 뛰어넘어 무엇입니까?
— 기쁨이고 자랑. (93쪽)

2. 성경은 우리가 무엇을 위해 구원을 얻은 것이라고 말합니까?
— 구원을 얻은 '이후'를 위해. (94쪽)

3. 성숙한 삶으로 나아가기를 결심하면 우리는 무엇을 알게 됩니까?
— 스스로가 '가진 자'임을 알게 되고, '넘치는 자'임을 알게 된다. (98쪽)

11 • 신자의 성숙

1. 출생된 우리에게는 무엇이 문제로 주어집니까?
— 자라야 하는 문제. (102쪽)

2. 신앙이란 나도 모르게 속에서부터 생겨나는 신비한 힘이 아니라 무엇입니까?
— 생각하는 것. (105쪽)

3. 구원을 얻었다는 것이 끝이 아니면 무엇이 남습니까?
― 하나님 앞에서 살아야 하는 삶. (107쪽)